体育与健康

李彬 房磊 徐明杰 主编

辽宁大学出版社 沈阳
Liaoning University Press

图书在版编目（CIP）数据

体育与健康/李彬，房磊，徐明杰主编. --沈阳：辽宁大学出版社，2024.4
　　ISBN 978-7-5698-1473-6

Ⅰ.①体… Ⅱ.①李…②房…③徐… Ⅲ.①体育－教学研究－高等学校②健康教育－教学研究－高等学校 Ⅳ.①G807.4②G647.9

中国国家版本馆 CIP 数据核字（2023）第 257617 号

体育与健康
TIYU YU JIANKANG

出 版 者：	辽宁大学出版社有限责任公司
	（地址：沈阳市皇姑区崇山中路66号　邮政编码：110036）
印 刷 者：	沈阳市第二市政建设工程公司印刷厂
发 行 者：	辽宁大学出版社有限责任公司
幅面尺寸：	170mm×240mm
印　　张：	14
字　　数：	230 千字
出版时间：	2024 年 4 月第 1 版
印刷时间：	2024 年 4 月第 1 次印刷
责任编辑：	李珊珊
封面设计：	高梦琦
责任校对：	吴芮杭
书　　号：	ISBN 978-7-5698-1473-6
定　　价：	88.00 元

联系电话：024-86864613
邮购热线：024-86830665
网　　址：http://press.lnu.edu.cn

前　言

随着现代社会的快速发展和生活方式的转变，人们对体育锻炼和健康生活的重要性有了更深层次的认识。体育与健康之间的关系是相辅相成的。体育作为一种强调身体运动的活动形式，不仅可以提升人的身体素质，增强人的体能，还能促进身心健康的平衡发展。通过参与体育运动，人们不但可以锻炼身体，增强免疫力，预防疾病，改善心理健康，而且可以增进社交和团队合作，培养健康的生活方式，从而实现身心平衡和全面健康。

基于此，本教材以"体育与健康"为主题，分析了体育运动的分类与功能、健康及其与体育锻炼的关系、学校体育与学校体育教育，深入探讨了体育兴趣培养与心理健康、体育运动处方与科学锻炼，并对体育运动项目与技术训练、体质健康测试与体能训练、体育文化传播与健康发展进行研究。

本教材的编写特点主要体现在以下几方面：

第一，科学性。本书涵盖了多个体育和健康方面的主题，包括运动训练、营养、心理健康等，需要对相关科学研究有一定的掌握和了解，因此本书基于科学证据进行了严谨的阐述。

第二，通俗易懂。作者在书中采用了通俗易懂、生动形象的语言风格，使读者容易理解和接受书中的知识和观点，也使本书更适合广大读者。

第三，实用性。本书内容涉及健康和体育运动方面的知识和技能，除提供科学依据的相关理论性知识外，还提供了许多实用性的建议和方法，方便读者将书中的内容落地应用。

第四，综合性。本书旨在提供全面的关于体育和健康的知识，不仅包括了体育运动方面的知识，还包括了营养、生理、心理等方面的内容，为读者提供了全面的健康知识体系。

本书在编写时参考借鉴了部分专家的资料、观点，我们在此表示诚挚的谢意！书中存在的不足之处，恳请读者批评指正。

作　者

2023 年 10 月

目 录

前　言 ·· 1

第一章　体育与健康概述 ·· 1

　　第一节　体育运动的分类与功能 ·· 1
　　第二节　健康及其与体育锻炼的关系 ·· 6
　　第三节　学校体育与学校体育教育 ·· 15

第二章　体育兴趣培养与心理健康 ·· 24

　　第一节　体育动机的培养与激发 ·· 24
　　第二节　体育兴趣与体育态度培养 ·· 29
　　第三节　心理健康的标准与要素 ·· 36
　　第四节　心理健康教育内容与实践 ·· 49

第三章　体育运动处方与科学锻炼 ·· 53

　　第一节　运动处方的基础理论 ·· 53
　　第二节　运动处方的制定分析 ·· 59
　　第三节　科学锻炼原则与方法 ·· 62

第四章　体育运动项目与技术训练 ·· 71

　　第一节　田径运动及其技术训练 ·· 71

第二节　球类运动及其技术训练 …………………………… 84
第三节　民族传统运动及其技术训练 ………………………… 117
第四节　健身健美运动及其技术训练 ………………………… 120

第五章　体质健康测试与体能训练 …………………………… 135

第一节　体质健康测试方法与标准 …………………………… 135
第二节　体能训练及其对健康的价值 ………………………… 156
第三节　体能训练的方法及运用 ……………………………… 165

第六章　体育文化传播与健康发展 …………………………… 180

第一节　传统体育文化及其价值分析 ………………………… 180
第二节　体育文化传播及其思维态势 ………………………… 193
第三节　体育文化传播的效果与发展 ………………………… 200
第四节　体育运动健康发展路径研究 ………………………… 209

参考文献 …………………………………………………………… 213

第一章 体育与健康概述

第一节 体育运动的分类与功能

一、体育运动的分类

体育运动可以根据不同的运动方式进行分类，具体如下：

第一，竞技体育和休闲体育。竞技体育是以竞赛为主要目的的体育运动，通常涉及专业运动员和正式比赛，如足球、篮球、网球和田径等。休闲体育是为了娱乐、锻炼和社交而进行的体育运动，不一定涉及正式比赛，如散步、游泳、自行车骑行和高尔夫球等。

第二，地面体育和水上体育。地面体育是在陆地上进行的体育运动，如足球、篮球、棒球和田径等。水上体育是在水中进行的体育运动，如游泳、潜水等。

第三，团队体育和个人体育。团队体育需要团队合作，参赛队伍通常由多名运动员组成，如足球、篮球和曲棍球等。个人体育是由单个运动员完成的，如网球、高尔夫球和田径等。

第四，室内体育和户外体育。室内体育是在室内场馆中进行的体育运动，如篮球、羽毛球和桌球等。户外体育是在户外场地进行的体育活动，如足球、田径和高尔夫球等。

第五，战斗体育和非战斗体育。战斗体育是涉及对抗和格斗的体育运动,如拳击、柔道和摔跤等。非战斗体育是不涉及直接对抗的体育运动,如田径、游泳和体操等。

第六,雪上体育和冰上体育。雪上体育是在雪地上进行的体育运动,如滑雪、雪橇和雪上冲浪等。冰上体育是在冰面上进行的体育运动,如冰球、滑冰和冰壶等。

以上这些是体育运动的常见分类方式,还可以根据不同的特征和属性对体育运动进行分类。不同的分类方式可以用于更具体的目的,如赛事组织、运动训练和体育研究等。

二、体育运动的功能

体育运动的功能是指体育以其自身特点作用于人和社会所能产生的良好影响和效益。体育运动的功能包括教育功能、健身娱乐功能、培养竞争意识功能、经济功能和交往功能等。

(一)教育功能

体育运动具有教育功能,这是它最本质的功能。从原始社会出现体育的萌芽时期起,体育就一直作为教育的手段之一流传下来,现代竞技体育中的跑、跳、投等项目仍留下了原始社会教育的痕迹。"现代体育教育已不仅需要促进人体生长发育、增强学生体质、掌握运动技能,还需要培养人们终身体育的兴趣和习惯,改善生活方式、提高生活质量,以适应现代社会的需要"[①]。

体育运动的教育功能不仅限于学校体育,在竞技体育和群众体育中同样有显著体现。在竞技体育领域,运动员们在"更快、更高、更强——更团结"的奥林匹克口号的激励下所展现的无私奉献和顽强拼搏精神,深深触动着观众的心灵,这本身就是一种教育。在群众体育中,无论是增强体质、改善心理健康,还是促进人际交往、培养顽强精神,体育都发挥着教育作用。若将这些功能纳入社会化培养体系之中,体育的本质就是为个体在社会中生存而进行的教育,是为了谋求社会生计、适应现代社会生活和创造未来生命

---

① 邹昆. 体育与健康 [M]. 北京:中国言实出版社,2021:5.

的教育。

基于这一普遍意义的客观存在,学校体育教育必须以"终身教育"作为其主要奋斗方向。具体而言,就是在体育教学过程中,学生通过身体锻炼和适应能力的培养,激发运动兴趣,养成运动习惯,以便为就业谋生和适应现代生活节奏做好准备。通过系统的体育教育,人类不仅能够保持自身健康,延续生命,还能通过创造文化和继承文明来不断推动社会进步。

在竞技体育中,运动员在比赛中展现出的顽强精神和团队合作精神,不仅激励观众,还为社会树立了榜样。运动员在追求卓越的过程中,体现出的拼搏和坚持精神将传递给大众,成为社会价值观的重要组成部分。因此,竞技体育不仅仅是竞技,更是对社会成员进行精神教育的重要方式。

而在群众体育中,参与者通过各种形式的体育活动,不仅可以强健体魄、增强体质,还可以在与他人的互动中增进社会关系,培养团队合作和互助精神。群众体育通过其普及性和广泛性,使得更多的人能够在日常生活中体验到体育的乐趣和教育功能,从而促进社会的和谐与进步。

因此,体育作为一种教育形式,其作用不仅体现在学校课堂上,更渗透到社会的各个层面。在学校体育教育中,教师不仅要注重学生的身体素质,还要培养他们的体育兴趣和习惯,使他们在未来的生活中能够主动进行体育锻炼,保持身心健康。同时,学校体育教育还应注重培养学生的团队合作精神和竞争意识,使他们能够更好地适应未来的社会生活。

(二) 健身娱乐功能

体育运动的健身娱乐功能已被大家公认。人们通过体育锻炼来增强体质、促进健康、防病治病、调节生活,以享受体育运动带来的乐趣。现代社会人们的工作和生活节奏加快,对人体的健康就有了更高的要求。体育的重要目标是教会人们去合理有效地保持身体健康和促进身体发展,它是一种利用身体锻炼去完善自身的活动过程。人体的发展遵循着"用进废退"① 的生物学规律,合理而科学的身体锻炼,是保障人体发挥其极限效能的有效途

---

① "用进废退"是指生物体的器官经常使用就会变得发达,而不经常使用就会逐渐退化。就像大脑,越是勤思考勤运用,便越灵活;而越是懒惰不动脑,大脑便会像生锈的链条,难以正常运转。

径。身体锻炼引起神经肌肉的活动，而神经肌肉的有效活动，既可保证人体的运动器官和其他有关器官的良好功能，又会引起多重反应。现代文明社会在时间、财力和营养方面，为人类的娱乐活动提供了越来越优越的条件，体育的健康娱乐功能在未来社会将越来越受到重视。

（三）培养竞争意识功能

竞技体育以其激烈的竞争特点，成为培养竞争意识的重要场所。这种竞争不仅限于国内，更延伸至国际舞台，国家之间的竞技结果常常关系到国家荣誉和民族形象，深刻影响着民众的思想情感。体育比赛中的胜负既是对个人能力的体现，也是对团队协作精神的考验，折射出社会生活的方方面面。

人类社会本质上就是一个竞争的舞台，从与自然环境的抗争到人与人之间的较量，竞争无处不在。体育场作为一个缩影，提供了一个预演现实生活中各种竞争的场所。无论是观众还是参赛者，都能在这片场地上体验到竞争带来的压力和动力。在这个特殊的社会环境中，人们可以通过比赛培养出胜不骄败不馁、奋发向上、顽强拼搏的精神，这些精神在日常生活中同样适用。

运动场上的竞争并非只是为了胜利，更重要的是在竞争中学会公平和尊重。胜利者固然值得赞扬，但好的输家同样受人敬佩。公平竞争的理念在运动场上得以充分体现，人们通过体育比赛学会尊重对手、尊重规则，这种意识也能迁移到其他社会活动中，成为社会认同的重要因素。体育运动因此成为培养合理竞争意识的最佳平台。

（四）经济功能

劳动生产力的提升是社会经济发展的核心标志，而人的素质是衡量生产力的重要标准。身体素质作为其他素质的基础，对生产力的提升起着关键作用。体育运动通过提高身体素质，进而提升劳动者的健康水平，增强劳动能力，从而为社会经济的发展做出重要贡献。

在现代社会，体育作为第三产业，逐渐展现出其巨大的经济功能。体育不再仅仅是福利事业，而是成为一种产业，为社会提供多样化的服务和消费品。经济发达国家通过多种途径追求体育经济效益，将体育运动纳入产业运作，取得了显著的成效。体育作为一种产业，可以提供健身、观赏、娱乐等综合性消费品，同时通过出售比赛转播权、发行纪念币和体育彩票、赚取门票收入和广告费等方式，创造可观的经济效益。

此外，体育场馆设施的充分利用、热门项目的比赛和娱乐活动的举办、体育旅游的发展以及各种类型的体育培训班和咨询站的设立，都是体育产业运作的具体表现。这些活动不仅丰富了人们的生活，还带来了可观的经济收入。体育产业的发展，不仅增强了国民体质，也促进了社会经济的全面发展。

综上所述，体育运动在培养竞争意识和促进经济发展方面具有独特而重要的功能。竞技体育通过激烈的竞争，培养人们的公平竞争意识和顽强拼搏精神，这些精神不仅在赛场上发挥作用，也在日常生活中得到了广泛应用。与此同时，体育作为第三产业，通过其健身功能和娱乐消费品的提供，成为推动社会经济发展的重要力量。体育运动因此在现代社会中占据着不可替代的地位，成为人类生活中不可或缺的一部分。

（五）交往功能

依据社会学观点，由于传统的教育、宣传舆论及民族习惯等，人们的社会心理总要和他们生活的环境取得一致与平衡，但由于某种特殊原因而导致心理失调的现象也经常发生。从体育独有的活动性与竞争性特点来分析，由可变因素而产生的感性刺激，一方面可使人心理不平衡，另一方面可积极调节各种不同的心理状态。一场激烈的体育比赛可以牵动亿万人的心，观众出于民族、国家、地区的尊严与自信，往往把胜负看得至关重要。在瞬息万变的竞赛过程中，人们的感情变化为其他任何社会活动所不及。

在体育活动中，人们通过体育交往达到人与人、群体与群体之间物质的、精神的、能量的互相影响，达到人际关系中的认识、信任、支持等。个体在置身于社会群体之中时，共同产生的运动欲望就会成为改善人们相互关系的纽带，在国内群众性体育活动中（尤其是在全国性体育盛会上），更能促进各民族运动员之间的联系，加强友谊和团结，激发各族人民对祖国炽热的爱。

体育具有超越语言和社会障碍的特点，可以把不同社会、不同人种、不同民族的人们聚集在一起,通过运动竞赛和体育交往发展国际友好关系。在某些时候体育已经成为外交活动的先行手段,在促进国际交往方面发挥着重要作用。

第二节 健康及其与体育锻炼的关系

一、健康的认知

健康包括身体健康、心理健康、社会适应良好和道德健康。

(一)健康的标准分析

世界卫生组织制定的健康十大标准如下:①精力充沛,能从容不迫地应付日常生活和工作;②处事乐观,态度积极,乐于承担任务而不挑剔;③善于休息,睡眠良好;④应变能力强,能适应各种环境的变化;⑤对一般感冒和传染病有一定抵抗力;⑥体重适当,体形匀称,头、臂、臀比例协调;⑦眼睛明亮,反应敏锐,眼睑不发炎;⑧牙齿清洁,无缺损、无疼痛,齿龈颜色正常,无出血;⑨头发有光泽,无头屑;⑩肌肉、皮肤富有弹性,走路轻松。以上健康标准,很少有人能达到,大部分人都处于中间状态,即处于没有疾病又不完全健康状态,也就是处于机体无明确疾病,但活力降低、适应能力出现不同程度减退的一种生理状态,如乏力、头晕、耳鸣、心悸、烦躁等,医学上称为"第三状态""灰色状态"或"亚健康状态"。

导致人体第三状态的原因,一是过度疲劳,身心透支而入不敷出;二是不科学的生活方式,如不吃早餐、偏食、暴饮暴食等引起营养不良而使机体失调;三是环境污染,接触过多的有害物质。另外,伴随人体生物钟周期低潮或人体自然老化,也可能出现第三状态。应当指出的是,第三状态在很大程度上是遗传性疾病的潜伏期。人的机体有一定范围的适应能力,第三状态既可趋向健康,也可转入疾病。如果已处于或即将进入第三状态,只要采取科学的生活方式,通过饮食、心理的调养和环境的改变,补充体内的氧气,排除致病因素，就能改善和消除第三状态，早日回到第一状态而恢复健康。

随着社会的发展，世界卫生组织就人体健康问题提出了几项既好记又易理解的新标准，这几项标准包含了人体生理健康标准和心理、精神健康标准，简称"五快三良好"标准。"五快"的生理健康标准是：①吃得快，指胃口好、不挑食、吃得迅速，表明内脏功能正常；②便得快，指上厕所时很快排出大小便，表明肠胃功能良好；③睡得快，指上床即能熟睡、深睡，醒来时精神饱满、头脑清晰，表明中枢神经系统的兴奋、抑制功能协调，且内脏不受任何病理因素的干扰；④说得快，指语言表达准确、清晰流利，表明思维清楚而敏捷，反应良好，心肺功能正常；⑤走得快，指行动自如且转动敏捷，因为人的疾病和衰老往往从下肢开始。"三良好"的心理健康标准是：①良好的个性，指性格温和，意志坚强，感情丰富，胸怀坦荡，心境达观，不为烦恼、痛苦、伤感所左右；②良好的处事能力，指沉浮自如，客观地观察问题，具有自我控制能力而能适应复杂的社会环境，对事物的变迁保持良好的情绪，常有知足感；③良好的人际关系，指待人接物宽厚，不过分计较小事，能助人为乐、与人为善。

（二）健康的意义解读

在世界卫生组织的推动下，健康的新概念在全球得到了有效传播，并且逐渐为人们所接受。同时，人民健康是社会进步的一个主要标志和动力。促进健康不再仅仅是卫生部门的责任，也是教育部门的责任，并且还是全社会的责任。这就要求人们重视健康的价值，有增强健康的强烈意识，树立"人人为健康，健康为人人"的正确理念。

1. 健康是学校教育的首要目标与前提

学校教育在人生教育中处于主导地位，学校教育是一种有目的、有计划的教育活动。我国学校教育的教学目标往往是培养德、智、体、美、劳全面发展的社会主义建设者和接班人。德、智、体、美、劳各有其特定的含义和任务，同时它们又是相辅相成的统一整体。其中"体育教育"就是为了提高学生的健康水平。

2. 健康是为社会创造财富和享受生活的首要条件

对于每个人来说，最有意义的事情莫过于对社会的奉献。拥有健康才能更好地展现自我和奉献社会。一个身体健康、精神饱满、具有良好社会适应能力的人，既可以最大限度地奉献社会，也可以享有高质量的生活。反之，如果一个人失去了健康，那就相当于失去了享受幸福生活的权利。

3. 健康是社会发展进步的体现和潜在动力

健康不仅是一个人的事情，它还受到多种社会因素的影响，如社会制度、经济条件、文化教育等。在一个社会安定团结、人民生活安居乐业、经济快速发展以及文化教育先进的社会环境中，人民的健康水平无疑会得到极大提高。在充满竞争和挑战的社会中，拥有大批高素质人才是一个国家可持续发展的优势。高素质人才是指德、智、体、美、劳全面发展的合格人才。身体健康是思想教育和文化教育的物质基础，是高素质人才成长的物质基础。拥有高素质的健康的国民和专业人才是一个社会健康发展的潜在动力。

4. 人民健康是社会发展目标中的基本目标

我们要树立正确的健康观，就要把健康看成是人类的一项基本需求和权利，看成是全社会、全民族的事业。从此角度讲，人民健康就成为社会发展目标中的基本目标。

（三）健康的关键因素

对每个人而言，遗传、社会因素、医疗条件、生活环境、地理气候条件都是客观存在的，除特殊情况外，很难加以改变。换言之，这些都属于相对固定的因素，它们对人的寿命造成的影响是不以人的意志为转移的。至于职业与经济状况，也是相对固定的。个人的文化修养、涵养、志趣、嗜好以及家庭成员间的相处关系，在一般情况下可长期保持原状，不会发生大的变化。而饮食、运动、情绪和心理变化则直接关系到每个人每天的物质和精神生活。故在正常情况下，足以影响健康的关键因素是每日饮食是否适宜、体育锻炼是否适当以及情绪（包括精神和心理状态）是否良好或稳定。因此，苏联医学博士兹马诺夫斯基提出了人的健康公式[①]：

$$人的健康 = \frac{情绪良好（或稳定）+ 运动（锻炼）得当 + 饮食合理（或适宜）}{懒惰 + 烟酒}$$

从上述公式中可以清楚地看到，人的健康与情绪良好（或稳定）、运动（锻炼）得当和饮食合理（或适宜）呈正相关，而与懒惰成性、嗜烟嗜酒呈反相关。

1. 合理饮食，形成良好的生活习惯

对于每个人来说，合理的饮食是保健因素中的关键，远比其他因素更重要，其理由主要有以下几方面：①文体活动的开展、良好情绪的保持是以恰当的饮食为前提的，如果因饮食不当而生病或体质变弱，就没有精力从事学习和体育锻炼，也难以保持良好的情绪；②各种食物成分是构成人体细胞、组织、器官生长和更新的原料，更是维持内分泌及新陈代谢等生理活动不可缺少的物质，所以人的健康状态和情绪的好坏，会直接受到食物的制约；③食物既可养生保健、防病，也能致病，这主要取决于是否合理摄取饮食；④食物是每日生活、劳动和生命存在的物质基础，若缺少或过量，皆不利于人的身体健康。

2. 适当进行体育锻炼

适当的体育锻炼不仅可以增强呼吸机能和肠胃消化功能，活跃大脑、神经以及全身循环系统，而且能起到调节情绪、增强体能、健身防病、抵御衰老的效用。

3. 保持良好的情绪

情绪良好，即心理上的稳定，可抑制不必要的紧张心态，抵御或排除忧愁、烦恼、恐惧等不良影响，从而可以避免引起内分泌失调，保持血液质量、脏器功能及神经系统的正常活动。健康可以影响人的情绪，情绪也可以影响人的健康。

---

① 祝金彪，吴静. 体育与健康［M］. 南昌：江西高校出版社，2019：16.

二、健康与体育锻炼

(一) 身体健康与体育锻炼

1. 身体体质与体育锻炼

衡量一个人是否健康，不能只看其外表，而是要看其实质，即体质。体质是在遗传变异和后天获得的基础上表现出来的形态结构、生理机能、身体素质、适应能力和精神因素的综合的、相对稳定的特征，其主要包括以下几方面内容：

(1) 身体发育和机能发育，即身高、体重、肌肉、骨髓以及身体内部各器官系统的功能。

(2) 身体的素质和基本活动能力：①素质指力量、速度、耐力、灵敏度和柔韧性等；②基本活动能力是指日常生活中所需要的活动能力，如走、跑、跳、投、攀登、爬越、垂悬、支撑等。

(3) 机体对自然环境的适应能力，即经受风吹雨打、严寒酷暑的能力以及对疾病的抵抗能力等。

凡以上三方面符合标准，并具有良好的生理和心理状态，有很强的社会适应能力，就可称之为健康。只有拥有健康的身体，才能完成艰巨的学习和工作任务，为社会多做贡献。

2. 体育锻炼对身体发育的作用

体育对身体正常发育的作用是人体细胞数量不断增加和细胞间质不断增多的结果，是量的渐变过程，一般称之为"生长"。人体的细胞与器官不断分化，机能逐渐成熟，形态逐渐完善，则称之为"发育"。发育比生长更为复杂，是人体质的变化过程。它受各方面条件的影响，二者相互依存，相互促进，密切相关。

(1) 人体在不同时期各器官系统的发育特点

第一，儿童少年时期。身体各组织器官不断生长发育，多为软组织。骨组织内的水分和有机物较多，无机盐较少，坚固性较差，硬度也较小，骨的柔韧性好，不易骨折，但容易弯曲变形。肌肉含水分较多，蛋白质和无机盐较少，富有弹性。力量较弱，耐力差，易疲劳。随着年龄增大，肌肉的重量和力量也在不断增强，心脏相对发育慢，收缩力弱，心率快，收缩压低。呼吸肌的力量弱，呼吸浅，频率快，肺活量小；大脑皮层神经的兴奋和抑制过程不均衡，兴奋占优势，易扩散，表现为注意力不集中，活泼好动，物质代谢旺盛。

第二，青壮年时期。人体新陈代谢比较旺盛，同化与异化作用基本平衡，有机体处于比较稳定的阶段，身体各器官系统的发育基本完成，是人的生命力最旺盛的时期。骨化已经完成，坚韧性强，能承受较大的生理负荷量。肌肉的弹性和伸展性增强，力量增大。心、肺系统发育已趋完善，心率和呼吸频率比儿童时期缓慢，肺活量增大。神经系统的兴奋和抑制过程较为平衡，工作能力处于最佳时期。

第三，中老年时期。人体中的异化作用逐渐占优势，各器官系统的功能开始下降，机体开始衰老。随着年龄的增长，心血管系统的功能减弱，易患心血管疾病；呼吸功能降低，易患呼吸系统疾病；运动系统机能衰退，骨骼的坚韧性降低，易骨折；肌肉、韧带的弹性和力量变差，易萎缩；神经系统的灵活性、协调性降低，内抑制增强。

（2）在生长发育的最佳时期进行身体锻炼

青年时代是锻炼身体、为健康打基础的黄金时代。从人体生命全部过程中新陈代谢的不同变化来看，人体总的发展规律是不可改变的，但变化的速度是可以控制的。因此，在这个时期应抓紧宝贵时机，持之以恒，积极踊跃地进行体育锻炼，在外界环境的影响下，进一步促进机体新陈代谢的加强，有利于提高机体的健康发育和成长。同样年龄和同样性别的人中，经常参加体育锻炼的人比不经常参加体育锻炼的人，不仅身高要高出4～10厘米，而且身体也更健壮、更结实。

（3）体育锻炼对身体各器官的影响与作用

第一，神经系统。人体器官系统的功能都是直接或间接处于神经系统的调节和控制下，神经系统是人体的最高司令部。人的任何运动均为反射活动，都包含着返回冲动，形成回路的神经联系，即反馈的神经联系。体内外的刺激由感觉器官输送到中枢神经，经过分析综合，下达命令，再由周围神经将行动命令传达给各器官系统去执行，并在执行工作中提高本身的机能。

第二，运动系统。运动系统是人们从事生活、工作、劳动和体育运动的器官。运动系统由骨骼、关节、肌肉三部分组成。骨骼是人体的支架，是构成体型的基础；关节是连接骨与骨之间的枢纽；肌肉附在骨骼之上，并在神经的支配下通过交替收缩和舒张，使人体完成屈伸、旋转，做出各种各样的动作。体育运动是在运动系统的协调工作下完成的，并在完成运动的同时使运动系统的各个部分更加坚固、灵活、结实、粗壮而有力。

第三，血液循环系统。血液循环系统，也称心血管系统。心脏是血液循环的发动机，血管是血液循环的管道，血液是物质运输的载体。血液在全身循环一周，一般人为20～25秒，运动员为10～15秒，运动时可缩短至8～10秒。

第四，呼吸系统。呼吸系统是人体进行气体交换的通道，是人体的气体交换站，它包括鼻、咽、喉、气管、支气管、肺等。

第五，消化系统。消化系统是由口腔、咽、食管、胃肠、胰腺、肝脏和肛门组成的，并通过生物化学和物理两种作用完成消化和吸收过程。

(4) 体育锻炼可提高人体适应自然环境的能力

第一，体育锻炼与自然环境的关系。自然环境是指日光、空气和水等自然因素，它是生命的源泉，是人类生存发展过程中绝不能离开的重要因素。人体是恒温的有机体，体温一般保持在36.8℃左右才能保证人体生理活动的正常进行。若体温上下变化超过1℃，就意味着病态。自然界中的气温、气压、风速、湿度等气象条件，总是不断地发生着变化。人们除了采取增减衣服、采暖纳凉的方式外，主要是通过改善营养和从事体育锻炼，以提高神经系统的灵活性来适应这种变化。

第二，体育锻炼可提高人体对自然环境的适应能力。人体适应自然环境的能力，就是人体与外界环境保持平衡的能力。人体存在的外界环境随时在改变，所以人体在神经系统对器官系统的调节功能下，通过各种条件反射来保持内外环境的平衡。例如，人体受到寒冷刺激时，大脑皮质即刻兴奋，并调动全身各器官系统加强工作,产生防御反射,使皮肤血管收缩,热量储存增加至70%,并减少散热;抵抗寒冷刺激时,表现为起鸡皮疙瘩。反之,在炎热时皮肤血管扩张,大量排汗加强散热。这种适应能力保证人们在炎热的夏天和寒冷的冬天也能正常地学习和工作。

人体的适应能力是身体健康情况的反映,它是通过条件反射形成的。在体育运动过程中,大脑皮质对冷、热环境建立起各种条件反射,做好了适应冷热刺激的一切生理准备。因此,只有经常在自然界中进行体育锻炼,才能收到良好的效果。

(二) 心理健康与体育锻炼

人的感觉、知觉、记忆、判断、思维等心理过程,以及兴趣、性格、意志等个性心理特征,都与人们的健身锻炼行为有着密切关系,它们直接影响着人们参加体育锻炼的自觉性、积极性和主动性,而健身锻炼的效果,又不断提高、改善和调节着人们的心理水平,诸如人的智力、意志品质和精神情绪。健身锻炼的心理学基础是一个相当复杂而重要的问题,现就其中某些方面进行初步阐述。

1. 心理健康的标准分析

所谓心理健康,是指人的心理丰盈充实、和谐安宁,并与周围环境保持协调的状态。心理健康是智力发展和脑功能健全的标志,是确立正确的人生观和培养优良心理品质的基础。心理健康的标准主要包括智力发育正常、人格完整、有良好的心理承受能力与和谐的人际关系。

(1) 智力发育正常。智力是一个人的观察力、判断力、分析力、注意力、想象力、思维力、记忆力和实践活动能力的综合体现。智力正常且能充分发挥的人,往往表现出强烈的求知欲,乐于学习、积极探索。要有意识地培养自己的观察力、思维力、想象力、判断力、记忆力等,并在认识活动、实践活动中充分发挥作用。

(2) 人格完整。人格是指个体比较稳定的心理特征的总和。人格完整就是指有健全的人格。其基本特征是自我意识清醒,有自知之明,能正确把握自己、支配自己,积极进取,有强烈的责任感,对生活充满信心和希望。

（3）有良好的心理承受能力。良好的心理承受能力表现为具有坚韧的意志和坚强的毅力，善于控制和调节自己的情绪，胜不骄、败不馁，快乐有度、悲伤有节，在各种环境下均保持稳定的心态。

（4）有和谐的人际关系。和谐的人际关系表现为乐于和善于与人交往，保持独立完整的人格，不卑不亢，能正确地对待他人和社会，在交往中善于取长补短、宽以待人、乐于助人，有良好的人际关系。

2. 体育锻炼对心理健康的作用

（1）调节改善情绪。情绪是人对客观事物的一种态度。人生活在错综复杂的社会中，经常会因工作、学习、人际关系等产生紧张、忧愁、压抑、悲观等不良情绪反应。体育活动是改善不良情绪的一种非常合适的方法。

（2）促进智力发展。体育锻炼既可促进大脑的发育，又可改善神经系统的工作能力，使锻炼者的反应、思维、记忆和想象等能力得到提高。另外，体育锻炼产生的一些非智力成分的良好变化，如情绪稳定、性格开朗、疲劳感下降等，对智力的提高有重要的促进作用。

（3）有助于人格的完善。体育锻炼是一种身体活动，在活动过程中人们会碰到各种困难，如生理惰性、气候变化、动作难度、畏惧心理、疲劳、损伤等，人们在克服这些困难的同时，也培养了坚韧、顽强的意志品质，增强了承受挫折的能力，有助于形成积极进取、乐观向上的生活态度。

（4）确立良好的自我概念。自我概念是个体主观上对自己的身体、思想和感情的整体评价，它是由许许多多的自我认识组成的，如"我是什么人""我喜欢什么""我不喜欢什么"等。

（5）增强社会交往能力。一方面，现代社会对工作中的团队精神及协同合作要求越来越高；另一方面，生活节奏的加快，特别是网络时代的来临，又使许多生活在大城市的人越来越缺乏直接的社交机会。体育活动就是一种增加人与人接触的最好方式。特别是一些集体项目的运动，更是个人与他人紧密协作和配合的过程。这些运动可以使个体忘却烦恼痛苦，消除孤独感，同时也能有效促进协作能力的养成，提高心理素质，提高对现代社会发展的适应性。

3. 影响体育锻炼产生良好心理效应的因素

体育锻炼要达到产生良好心理效应的目的，还应注意以下因素：

（1）喜爱体育锻炼并从中获得乐趣。这是体育锻炼产生良好心理效应的基础。如果对体育锻炼没有兴趣，就很难从中获得乐趣，也不可能产生满足感和良好的情绪体验。

（2）体育锻炼方式。研究表明，体育锻炼以有氧活动为主，采用重复性与有节律的身体活动，如慢跑、游泳、骑自行车、跳绳、健美操等，可以取得很好的效果。

（3）运动项目。不同的运动项目或不同的运动形式所获得的心理效应是不同的。为避免那些竞争激烈的项目，可多选择由个人进行的项目，这样运动时间、空间、动作节奏等更易于个人控制，锻炼者可更随意、更自由地进行运动，更容易获得良好的情绪体验。

（4）运动强度及时间。要想获得好的健身效果，运动强度应以中等最佳，即心率控制在最高心率（220－年龄）的60%～80%。运动强度过大易产生紧张感和疲劳感。一次锻炼的持续时间应至少为20分钟，若少于20分钟，很可能心理效应尚未出现，身体活动就停止了。而时间过长又可能造成厌倦、疲劳，引起不良情绪。

（5）体育锻炼应持之以恒。身体练习的系统性越强，体育锻炼所产生的良好效应就越明显。只有长期坚持体育锻炼并养成习惯，才能获得良好的健身效果。

第三节　学校体育与学校体育教育

一、学校体育对学生的作用

学校体育一直都是教育体系的重要组成部分，对学生的身体健康、社交能力和学业成绩都有着深远的影响。

（一）学校体育对学生身体发展的促进作用

学校体育的本质功能是促进学生身体发展，主要表现在以下几方面：

1. 促进身体形态的正常发育

学生的身体形态可塑性较强，经常参加体育锻炼可以促进骨组织的血液循环、骨密质增厚，使骨骼更加结实粗壮，抗折性提高，肌肉更加强健有力，关节更加灵活牢固，有利于促进学生身体形态的正常发育，养成正确的身体姿势。

2. 有利于学生全面发展体能

体能实际上是个综合概念，它包括与健康相关的体能和与运动技能相关的体能。体能的发展以运动动作实践为基础，在运动过程中通过反复的有效练习，达到发展体能的目的。各项体能的发展是相互影响和相互促进的，可以达到"正向转移"的效果。发展体能所选择的内容与方法要考虑针对性、全面性和多样性，要采取多样化的手段与方法，提高体能练习的趣味性，调动学生参加体育锻炼的积极性，以保证学生体能水平的提高。

3. 有助于提高学生身体机能水平

经常参加体育锻炼可以促进血液循环，提高心脏功能，改善呼吸系统功能，促使中枢神经系统、大脑皮质的兴奋增强，从而改善神经过程的均衡性和灵活性，提高大脑综合分析能力和判断力，使身体机能水平得到提高。

4. 提高对外界环境的适应能力

身体健康的最直接表现反映在对外界环境的适应能力上。通过在严寒、酷暑、风雨等环境和条件下进行各种体育活动，学生适应环境变化的能力不断提高。另外，体育活动还能增强学生身体的免疫力，提高学生对疾病的抵抗力，练习方法如旋转、倒立、悬垂、滚翻等，使人体处于非常态，能较好地提高人体的适应力和抵抗力。

（二）学校体育对学生心理发展的促进作用

在校期间是学生心理即将成熟的时期，也是培养健康心理的关键时期。长期的体育锻炼对学生的心理健康具有促进作用。

第一章 体育与健康概述

1. 促进智力与能力的发展

经常的、科学的体育锻炼，可以促进学生大脑的发育，改善神经系统的工作能力，为智力的开发奠定生物基础。参加体育活动可以改善大脑供血、供氧情况，促使大脑皮层兴奋度增强，神经系统的均衡性和灵活性加强，对体外刺激的反应更加迅速、准确，使人头脑清醒、思维敏捷、分析综合能力加强。

另外，体育锻炼有利于情绪、性格等非智力因素的良好变化。体育活动本身蕴含着丰富的开发智力、培养创造力的内容，对全面培养学生的观察能力、广泛训练记忆能力、启迪诱导想象力和提高思维能力具有重要作用。

2. 调节情绪并缓解心理压力

情绪是人对客观事物是否符合自己需要而产生的态度体验。情绪的外在表现对个人的影响较大，是心理变化的直接反映，情绪状态是衡量心理健康最主要的指标。体育活动则是改善不良情绪的一种非常合适的方法。在体育锻炼过程中，由于大脑处于较强的活动状态，体温升高以及脑内啡肽释放等可以转移个体不愉快的意识、情绪和行为，降低焦虑，消除忧郁，摆脱痛苦和烦恼，分散注意力，缓解心理压力。另外，参加体育锻炼对克服胆怯、优柔寡断、缺乏信心等心理缺陷也具有积极作用。经常参加体育活动，是学生排解郁闷、改善交际、缓解心理压力的一种健康方法。

3. 有助于情感的发展

经常从事健康、愉悦身心的体育锻炼对情感的发展具有重要的积极作用。首先，体育运动项目的多样性、运动过程的趣味性、运动环境的复杂性，能发展学生乐观、友爱、同情等多种多样的情感；其次，运动的集体性可以使学生的情感社会化，养成热爱集体、互助互谅的集体主义情感；再次，运动的竞争性可以培养学生不怕困难、勇敢奋战的乐观主义情感，成为夺取胜利的推动力；最后，体育锻炼还有助于培养学生的道德情操、美感和理性思维等。

4. 锻炼意志并增强进取心

坚强的意志力越来越成为现代社会需要的优秀品质，当代学生作为国家培养的人才，其优秀的意志品质是个人成长的基础和国家稳步发展的保证。意志是指自觉地确定目标，根据目标支配和调节自己的行动，并克服各种困难，从而达到预定目标的心理过程。无论是体育教学还是运动竞赛，都要求学生具有明确的目标以及为实现目标而克服困难的决心和战胜强敌的勇气、在瞬息万变的运动环境中迅速选择应变措施的决断力、长期艰苦锻炼的坚韧性、遵守比赛规则和为了集体利益而克服个人欲望的自制力等。体育锻炼的独特环境条件，对于培养学生不断地在活动中克服客观和主观困难，在克服种种困难中培养良好的意志品质，增强学生在学习、生活中的进取心都具有积极的作用。

5. 培养与形成健康的个性

所谓健康的个性，从内部的心理机制来说，是一种身心和谐发展的个性；从外部活动的效能来说，是一种富有高度效能的具有创造性的个性。现代社会对人的健康个性的培养投入了很多的关注。体育活动是学生身心在动态之中进行的各种身体活动、游戏及教学比赛。这些活动和练习具有竞争性、娱乐性、规则性、不确定性等特点。在激烈的对抗中，学生的身体活动不但给机体施加刺激，而且还引起各种心理感受，其思维活动与机体活动紧密结合，使个性在活动中得到充分的展示和发展。另外，学生可以从体育锻炼中获得成功的喜悦，证明自己的能力，增强自信与自尊，使个体得到发展，形成良好健康的个性品质。

（三）学校体育对提高学生社会适应能力的作用

在现代社会中，人的社会适应能力越来越受到教育者的广泛关注。一定的体育锻炼和融洽的人际关系，对提高人的社会适应能力有很大的帮助。因此，提高当代学生社会适应能力是学校体育教育的重要目标。学校体育中的体育课堂教学、课余体育锻炼、课余体育竞赛等对学生社会适应能力的培养都起着非常重要的作用。

1. 有利于学生建立和谐的人际关系，提高社会交往能力

和谐的人际关系是一个人长远发展的重要外部条件。通过相互交往建立的和谐人际关系可以促进社会活动中人与人之间的信息交流和情感沟通。学

校体育所提供的人际交往条件是非常优越的，范围有限、人口集中、爱好相同，这些都可以增加学生之间接触和交往的机会，交往的单纯性也有助于学生掌握正常的人际交往规律，协调人际关系，学会与人相处的艺术，学会公平竞争，学会宽容别人。在体育活动中，同学之间的接触比学习生活中其他方面的接触更便利、更直截了当。运动场地、时间常常是固定不变的，爱好运动的同学会不约而同地来到运动场地结队比赛，激烈竞争中身体的强烈对抗，团体协作中的默契配合，都有利于增进感情，巩固友谊，提高社会交往能力。

2. 有利于培养学生的竞争意识和抵抗挫折的能力

体育运动过程中充满挑战，既有对自己能力的挑战，也有对他人的挑战；既有个人之间的竞争，也有团队之间的竞争。体育运动比赛中竞争的结果总与成败相伴，体育运动既能激励学生追求成功，也能锻炼学生不怕失败和承受挫折的能力。体育竞赛中的失败是一种良好的挫折训练，是一种心理磨炼和心理调适过程，也是提高社会适应能力的过程。

3. 有利于培养学生的体育道德规范以及协作精神

在学校体育活动中，约束学生的是无形的力量——规则，这种特殊的"规则效应"，使学生在活动中逐渐学会遵守纪律、尊重裁判，学会约束自我，从而形成良好的道德规范。

在体育比赛中，尤其是集体项目中，合作会使活动变得更有效，团队要获得成功，团队成员就必须通过合作，共同努力。经常参加集体性的体育活动，有助于个体合作意识、团队精神的培养。

4. 有利于培养学生的社会适应性

参加多种体育活动，能够使学生有机会体验和学习扮演不同的社会角色，使自己的品行符合一定规范，成为一个遵纪守法、有公德的好公民，这对提高学生的社会适应性极为有利。

二、学校体育教育的现状与优化

学校体育教育是现代教育体系中的重要内容之一，其基本任务是：①使学生明确体育的概念，了解学校体育的目的、任务，掌握体育的基本知识，并提高学生终身从事体育锻炼的自觉性、积极性；②使学生掌握体育技能、身体锻炼的基本理论知识，并能运用所学知识去指导自身或他人进行健身锻炼，以达到全社会身体健康的目的。目前的学校体育教育教学以课堂讲授为主，适当运用课堂讨论、定期测试等方式，将成绩按一定比例列入学生的体育总成绩。学校体育教育既承载着培养学生健康体魄、提高体育水平的任务，同时也在德育、智育、美育等方面发挥着积极的作用。

（一）学校体育教育的重要性

1. 促进身体健康

学校体育教育的首要任务之一是促进学生的身体健康。定期的体育锻炼可以增强心肺功能、提高肌肉力量、增强体质，从而降低患病的风险。体育锻炼有助于预防肥胖、心血管疾病等常见健康问题，培养健康的生活习惯，提高生活质量。

2. 培养团队协作精神

体育教育不仅为个人提供发展的机会，也是培养团队协作精神的绝佳平台。学生在体育活动中形成了合作、互助的团队精神，这些品质在日常生活和未来职业发展中都具有重要价值。学生在体育比赛中不仅学会了竞争，也学会了接受胜利和失败，这对他们的心理成长和社交发展至关重要。

3. 培养坚韧不拔的意志与毅力

体育教育可以培养坚韧不拔的意志和毅力，这些品质在学习和生活中同样至关重要。通过挑战自己的身体极限，学生可以培养出不轻言放弃的品质，这将对他们未来的发展产生积极影响。

4. 提高学习成绩

定期的体育锻炼可以提高学生的学习成绩。体育活动有助于提高学生的专注力、记忆力和学习动力。身体健康与学业成功之间存在着紧密的联系，因此学校体育教育不仅可以增强学生体质，还可以促进学生综合素质的提升。

5. 培养道德品质

在体育比赛中,学生需要遵守规则、尊重对手、接受裁判的判决,这有助于培养他们的道德品质。学生通过体育活动学会公平竞争、诚实守信,这些品质在社会生活中具有不可替代的重要性。

6. 丰富学生的课余生活

学校体育教育不仅是课堂内的学习,还为学生提供了丰富多彩的课余生活。体育活动丰富了学生的课外时间,帮助他们摆脱手机和电脑的影响,享受户外活动,培养兴趣爱好。

(二)学校体育教育面临的挑战

尽管学校体育教育的重要性不容忽视,但是也面临着以下挑战:

1. 时间压力

学校的课程安排通常非常紧张,导致体育教育时间减少。许多学校不得不削减体育课程以腾出更多时间用于其他科目的教学,这可能会损害学生的身体健康。

2. 缺乏资源

一些学校缺乏足够的体育设施和资源,无法提供高质量的体育教育。这使一些学生无法充分参与体育活动。

3. 师资问题

体育教育需要受过专业培训的教师,但有些学校难以招聘到合格的体育教师,这可能会导致教育质量下降,无法实现预期的效果。

4. 学生兴趣问题

一些学生可能对体育活动缺乏兴趣,导致他们不愿意积极参与。这可能是由于身体条件、心理原因或其他因素引起的。

5. 竞争与压力

有一些学校体育活动的竞争非常激烈,这可能导致一些学生承受过大的压力,甚至可能导致过度专注于竞技而忽视其他方面的发展。

(三)学校体育教育的优化路径

尽管学校体育教育面临各种挑战,但是还有许多方法可以对其加以改进，以更好地满足学生的需求和社会的期望。

1. 增加体育教育时间

学校可以考虑增加体育教育的时间，确保每位学生都有足够的机会参与体育活动。这可以通过调整课程表、减少功课负担来实现。学校可以设立体育俱乐部和团队，鼓励学生积极参与，从而扩大体育教育的范围。

2. 提供更多的体育设施和资源

学校和政府可以投入更多的资源，改善体育设施，以确保学生有足够的场地和器材进行体育活动。这将有助于提高体育教育的质量，并吸引更多学生积极参与。

3. 提供专业化培训

学校可以聘用受过专业培训的体育教育，他们能够有效地教导学生提高体育技能。此外，学校还要为学生提供多样化的体育项目，以满足不同学生的兴趣和需求。

4. 引导学生树立正确的价值观

学校体育教育不仅是为了培养学生的体育技能，还应当传递正确的价值观念，如公平竞争、团队合作、尊重和友谊。学校可以通过教育活动、讲座和课程来强调这些价值观的重要性。

5. 创造多样性的体育环境

学校可以提供多样性的体育活动，以满足不同学生的需要。这可以包括传统体育项目、户外活动、舞蹈、瑜伽等。创造一个多元化的体育环境，可以让更多的学生找到适合他们的活动，激发他们的热情。

6. 倡导家庭支持

学校可以积极与家长合作，鼓励他们支持学生参与体育活动。家庭是培养学生运动兴趣和养成锻炼习惯的关键因素。家庭和学校的合作可以更好地促进学生的身体健康。

7. 鼓励学生参与社区体育活动

学校可以鼓励学生参与社区体育活动，如社区体育俱乐部、比赛，这可以帮助学生建立更广泛的社交圈，培养更多的社交技能。

总而言之，学校体育教育在学生的健康成长和综合素养提升中扮演着不可或缺的角色。尽管面临挑战，但我们可以通过改进教育政策、投入资源，提供多样性的体育项目和鼓励学生积极参与，更好地满足学生的需求，为他们的未来打下坚实的基础。学校、家庭和社会应共同合作，确保每个学生都能享受到高质量的体育教育，促进他们的身心健康和综合素质的提升。

思考与练习

1. 简要阐述体育运动的功能。
2. 健康与体育锻炼的关系体现在哪些方面？
3. 学校体育对学生有哪些作用？

第二章 体育兴趣培养与心理健康

第一节 体育动机的培养与激发

"所谓体育动机,是指推动、停止或中断学生参加体育学习和身体锻炼的内部动因"①,它对体育学习和身体锻炼行为起着定向、始动、调节、强化和维持的作用,对体育活动效果有着重要的影响。

体育动机的种类可以从不同的维度加以划分:第一,内部动机和外部动机。根据学生参加体育学习和身体锻炼的心理动因是来自生理和心理上的需要,还是来自对外界条件(如奖品、奖状或金钱)的渴望或屈服于外界的压力,或避免惩罚,可将体育动机分为内部动机和外部动机。第二,直接动机和间接动机。根据学生参加体育学习和身体锻炼的心理动因是指向于体育活动本身,还是指向于体育活动的结果,可将体育动机分为直接动机和间接动机。第三,社会性动机和个体性动机。根据学生参加体育学习和身体锻炼的心理动因是以社会需要为基础,还是以个体需要为基础,可将体育动机分为社会性动机和个体性动机。培养与激发体育动机可采取以下措施:

一、恰当地运用外部奖励

好动、好奇是儿童和青少年的天性。体育学习和身体锻炼所具有的活动

---

① 杜志锋. 体育与健康 [M]. 北京:北京理工大学出版社,2019:17.

性、刺激性、变化性、竞争性和技巧性等特点，恰好可以满足他们的这种需要，并使他们从中获得乐趣。乐趣是学生参与体育学习和身体锻炼的主要内部动机。适合学生好奇、好动需要的体育活动，往往能够激发学生从事体育活动的兴趣和动力，促使他们长期坚持参加体育活动。

但体育学习和身体锻炼并不是总能满足学生需要的，学生在面临挑战和有内外部困难时，体育学习的内部动机可能会变弱。这时，体育教师常利用表扬或批评、奖励或惩罚等手段来激发学生的外部动机。然而，不正确地激发外部动机会削弱学生的内部动机，使学生的体育动机从为满足自身的乐趣而参加体育学习和身体锻炼变成为获得教师的奖励和避免惩罚而参与体育学习和身体锻炼。一旦减少或撤销了奖励和惩罚，学生的体育动机就会减弱或消失，这就是奖励和惩罚的"过当效应"。

因此，在培养和激发学生的体育动机时，教师要考虑采用丰富多彩的教学内容和方法，满足学生的好奇和好动心理。同时，在运用奖励和惩罚手段时，要使学生明确体育学习和身体锻炼的规范、奖励和惩罚的具体措施。

二、激发学生体育成就动机

成就动机是指个体在完成自认为重要或有价值的活动任务时尽力去做，并力争取得优异成绩的心理倾向，它是在成就需要的基础上产生的社会性动机，是在社会交往中习得的。学生有体育学习和身体锻炼的成就动机，在体育活动实践中就能积极参与，追求完美，奋勇争先，敢于面对各种挑战，不怕障碍和困难，持之以恒地参加体育锻炼，争取获得更好的身体锻炼效果和体育成绩。在体育学习和身体锻炼中，高成就动机的学生会表现出积极参与竞争，倾向于选择与自己能力相当的活动任务，自信高、焦虑低、勇于表现自我、不怕失败和困难等特征；而低成就动机的学生则会为保护自尊而倾向于选择困难极小的体育任务，并表现出回避竞争和挑战，自信低、焦虑高、害怕失败和困难等特征。

体育成就动机与学生的年龄、性别、能力、成败经验等主观因素及家庭、学校和社会环境的客观影响相联系，同时也与学生在体育活动中获得的体育能力知觉相关。成就动机和能力知觉的提高均与学生的体育学习和身体锻炼的成功体验相联系。而体育竞赛也常会使有些学生在失败面前变得退缩和害怕。因此，心理学家建议将"常模参照"变换为"自我参照"，也就是在体育教学中的竞赛不应当过多地强调名次或等级，而应较多地要求学生与自己以前的成绩相比较，或比较其达到某个预定目标的程度和所花的时间。换言之，要变横向比较为纵向比较。纵向比较可使学生更多地体验到成功，从而使他们的成就动机得到加强。

三、提高学生体育学习与身体锻炼的自我效能感

自我效能是个体对自己能够完成某一行为的实际能力的推测。换言之，是个体对自己行为能力的主观评价。在体育学习和身体锻炼的过程中，学生能否主动、自信地学习、尝试和完成动作，敢于接受挑战、战胜困难，自我效能感起着非常重要的作用。当学生面对一个个动作和一次次困难情境时，他们对自己胜任能力的判断是推动或调节行为的动力，并决定着他们体育学习的努力程度。

四、注重体育活动的目标定向与目标设置

所谓目标定向，是指个体参与某一活动时所依据的成就目标取向。它不是具体要达到的行为数量标准，而是学生内心中追求的成就取向。例如，有些学生上体育课以掌握动作、提高体能为目标，志在发展个人能力；而有些学生则是以竞争、超过其他人为目标，期望表现自我和赢得荣誉、威信及地位。前者称为掌握任务定向，后者称为自我表现定向。它们与学生的体育能力、信念一起对参加体育活动的动机和行为类型产生不同的影响。体育教师应有效地创设出掌握任务的目标定向，引导学生以掌握动作技能、发展体能、磨炼意志作为体育学习和身体锻炼的最终取向，不要过多地鼓励学生超过同伴、打败对手，过多地强调体育成绩的名次。

在恰当的目标定向前提下的目标设置是激励学生积极参加体育活动的一种策略。所谓目标设置，是指根据学生的体育能力和技能水平，确定在一定

的时间期限内所要达到的体育学习和身体锻炼的具体目标，以及达到目标所采用的步骤、策略和时间安排。恰当地设置目标可以指引学生的注意力和行为，激发学生的进取精神，提高学生的努力程度和耐性，促使学生为实现目标而采取体育学习和身体锻炼的有效策略。体育教师应根据现实、具体、近期、可控、可测和个体化等原则，按照动作学习或身体锻炼的要求，制定测量或评定的方法，分阶段设置目标和适当地分配时间，并及时给予反馈，使学生一步步地实现目标。

五、着力加强对学生的归因指导

所谓归因，是指个体对自我或他人行为结果的原因进行分析、解释和推测的认知过程。归因的方式对个体未来的行为动机以及他们的认知、情感和行为有着一定的影响。

正确的归因是教育的结果。因此，在频繁竞争的体育活动中，教师应指导学生正确地归因。归因指导的目的是提高学生在未来体育学习中的成就动机。在归因的诸要素中，"努力"这一要素对激发学生成就动机的作用特别重要。因此，指导学生将成功或失败归因于努力，有助于提高学生的责任感和体育学习动机。成功时归因于努力，会使学生进一步努力地去争取成功；失败时归因于努力，能使学生在不小看自己能力和不降低成功期望的前提下，提高自己的努力程度，力争在未来取得成功。因此，应先指导学生归因于努力，使学生明白成功、失败是由努力的程度决定的，只有坚持努力，才能取得最终的成功。

另外，要引导学生对自己或他人的行为结果进行全面的原因分析，并针对具体情况指导学生现实地进行"归因"。也就是帮助学生从体育能力、任务难度、锻炼方法、天气、场地设备、心理准备等影响体育活动效果的各种因素进行分析，看看这些因素在多大程度上影响着体育活动的结果，哪些是可控的，通过努力可以改变，哪些是不可控的，应努力加以适应或调整。

六、适当地利用竞争与合作

竞争可以成为行为的动力。体育教学中会不可避免地充满着不同形式的竞赛。一般而言，大多数青少年学生喜爱体育活动的一个主要原因，是在竞赛中有获胜的机会，他们愿为获胜付出较大的努力。对喜爱竞争的学生，教师可根据他们的能力水平安排不同形式的竞赛，组织实力相当的竞赛对他们的体育学习和身体锻炼具有促进作用。

但在有些情况下，学生在竞赛中的表现并没有平时好。这是因为他们过分紧张，或因为他们的"应战"能力较差，或由于他们个性上的弱点所致。因此，在组织竞赛活动时应注意：①将竞争的重点放在使学生努力做得更好上，而不是去看别人做得不如自己好的方面；②要开展多种多样的竞赛活动，使每个学生都有参加竞赛的机会；③要使所有的学生都有一定的成功或失败的可能，从而激发起每个学生的尝试动机。

另外，为达到某一目标，同一团体成员间的合作也可以加强学习动机。换言之，合作所带来的良好的人际关系、团体成员的喜悦等，也可以加强学习动机。所以，为激发学生体育学习的动机，应适当利用竞争与合作。

七、进行合理的反馈

学生在体育学习中获得反馈信息，能够使他们及时了解自己的学习成果，了解自己的身体健康状况、身体能力、技能水平等情况，这有利于激发学生体育学习的动机。学生看到自己的进步，会激起进一步努力学习的愿望；看到自己的不足，也可以激起努力赶超的勇气。

在对学生的体育学习和锻炼活动提供反馈时，教师往往要根据学生的情况进行表扬和批评。放弃表扬和批评等于放弃了教师的责任。在学生做错动作时，教师提供给学生的反馈应简单明了，这样更能激发学生体育学习的动机。教师的表扬和批评要以促进学生的努力和进步为目的。要在多鼓励和适当批评的条件下，对学生的每一次努力和进步都给予表扬；要针对不同的学生进行表扬和批评；要"对事不对人"；要使学生树立正确的评价标准，使他们逐步做到自我表扬和自我批评；要公开表扬，私下批评，理智、慎重地使用惩罚。

第二节　体育兴趣与体育态度培养

一、体育兴趣及其培养

"为了调动学生参与体育运动的热情，需要从培养学生体育兴趣入手，借助兴趣激发学生主动地参与到体育学习过程中。对此，体育教师要认识到提高学生体育兴趣对体育教学活动展开的必要性，为学生营造具有较强趣味性的课堂学习环境，有效激发学生的运动动力。"[①]

所谓体育兴趣，是指学生力求积极认识和优先从事体育学习或身体锻炼的心理倾向，它是学生参加体育活动的基本动力之一。体育兴趣影响着学生体育活动的方向、强度和持续时间（次数），它能把学生积极愉快的情感和注意力与体育活动紧密地联系起来，促使他们对体育活动倾注时间和精力；它也是学生乐于参加体育活动的主观意向的表现，是学生体育活动主动性、自觉性和积极性的标志。

（一）体育兴趣的基本类型

根据体育兴趣的倾向性，体育兴趣可分为直接兴趣和间接兴趣。所谓直接兴趣，是指由体育活动本身所引起的兴趣。体育教学中新颖的活动内容、方法、手段和组织形式能够令学生感到新颖、兴奋，可促使学生产生对体育活动的直接兴趣。所谓间接兴趣，是指由体育活动的目的或结果所引起的兴趣。通过长期的努力，体育锻炼不仅能提高身体能力、促进健康、发展身心素质，还能增进友谊、加强交往、赢得荣誉、维护自尊等。学生认识到体育活动在未来工作和生活中的这些作用时，就会对体育活动产生间接兴趣。

学生对体育的直接兴趣和间接兴趣是密切联系和互相转化的。学生在体育学习时，如果缺乏直接兴趣，会感到活动枯燥无味；如果缺乏间接兴趣，

---

① 赵蕾.体育教学中学生体育兴趣培养的策略研究［J］.健与美，2023（9）：144.

会失去持续参加体育活动的毅力。

根据体育兴趣维持时间的长短,体育兴趣可分为短暂兴趣和稳定兴趣。所谓短暂兴趣,是指参加体育活动的持续时间较短并随着体育活动的结束而消失的兴趣。所谓稳定兴趣,是指参加体育活动的持续时间较长的兴趣。这种稳定的兴趣会发展成学生的个性倾向性。稳定的体育兴趣能促使学生对体育活动产生深刻的情感、坚强的意志、勇于克服困难的决心,使他们更长期、专心地认知、钻研和投身于体育活动之中。

(二) 体育兴趣的作用分析

体育兴趣是学生对体育活动的心理选择、趋向和准备的突出表现,它对学生的体育活动效果有着良好的促进作用,具体表现在以下几方面:

1. 体育兴趣对学生的体育学习和身体锻炼具有定向作用

体育兴趣往往指向特定的活动项目、内容、方法和手段,学生锻炼方式的不同选择取决于他们在这些方面喜好的差异。

2. 体育兴趣对体育活动具有积极的推动作用

兴趣不仅是求知行为的前提,也是"求练"行为的前提。对体育活动有浓厚兴趣的学生将会优先注意并选择体育活动,以强烈的锻炼欲望、愉快的情绪体验、高昂的热情和忘我的投入参加到体育活动中,力争取得良好的锻炼效果。体育兴趣还可以使学生形成体育活动的行为爱好,养成锻炼的习惯,自觉地坚持不懈、持之以恒,乐此不疲地进行身体锻炼,从而为终身体育锻炼奠定基础。

3. 体育兴趣能对学生的体育创造性活动产生积极效应

兴趣往往建立在对事物认识的基础上,并随着认识的加深而浓厚起来。由于学生的学习兴趣与思维发展有着密切联系,因此,对体育活动有强烈兴趣的学生常会带着疑问参加体育学习和身体锻炼,会以特别的专注和极大的热情主动思考,探究和解决与体育活动有关的各种问题,以及用灵活、新颖和更加有效的方法、手段从事体育活动。

(三) 体育兴趣的培养方法

体育兴趣是建立在身体活动需要的基础上,并在体育活动实践中形成和发展起来的。家庭、社会、学校等环境因素，以及性别、身高、体重等遗传因素，在一定程度上影响着体育兴趣的形成、发展及变化。但学生个体对体育活动的认知、情绪、意志、个性等主观条件对体育兴趣的产生和延续也起着重要作用。因此，在培养体育兴趣的过程中，教师可以从以下几方面着手：

1. 丰富体育教学内容和手段

为了满足学生好动、好奇、求知的需要，体育教师在完成体育教学任务的前提下，应根据各方面的情况安排丰富多彩的教学内容，因势利导地组织娱乐性、游戏性的练习和比赛，让学生在新颖的体育锻炼中发展体育兴趣。

2. 使学生在体育学习和锻炼中获得成功

学生只有在体育学习和身体锻炼中不断获得成功，才能产生和延续体育兴趣。成功而有效的身体锻炼是确保学生乐于锻炼的重要条件。因此，体育教师不但要掌握有关体育教学的目标定向和目标设置的理论与方法，而且要善于在体育实践中加以运用，使学生经常有获得成功的机会，不断看到或体验到成功。

3. 使学生在体育活动中获得愉快的情绪体验

在体育学习和身体锻炼中，学生往往拥有趋乐避苦的心理倾向。教学中，教师要适度地考虑到学生在情绪方面的需要，尊重他们的情感和愿望。教师应以乐趣为体育活动的主要目的来设计教学，尽量使学生在体育教学中产生满足感，并由此培养他们的体育兴趣。

4. 加强体育活动的理想和目标教育

只有当学生的体育兴趣与理想、目标一致时，才能促进其体育兴趣的不断提高和延续，形成对体育活动结果的间接兴趣，使兴趣对学生的体育活动产生更大的推动力。尽管体育活动的直接兴趣对学生的体育活动有短期的促进作用，但是体育教学的内容、方法并不总是能够满足学生的直接兴趣，体育教学效果的显现更要求学生付出持久的努力。有时学生要在恶劣的天气下锻炼，并忍受体育锻炼中产生的不适感。对体育活动目标不清楚的学生，往往不能克服困难、坚持锻炼，对体育活动的兴趣仅停留在低水平阶段。而拥有明确的体育活动理想和目标的学生，常常能将体育兴趣指向体育活动的长期目标和结果，不以体育活动的内容、方法和手段的变换为转移，他们相信只有经过长期努力才能获得体育学习和锻炼的效果。他们敢于、乐于迎接挑战，并能够从中获得乐趣、满足感和能力感。因此，为培养学生具有稳定、深刻而又持久的体育兴趣，体育教师必须加强对学生体育活动的理想和目标教育。

二、体育态度及其培养

所谓态度，是指个体对待外界对象（包括人和事物）较为稳固的，由认知、情感、行为意向三种成分构成的内在的心理倾向，它是在后天的社会生活和活动中习得的，常常指向具体对象。这种内在的心理倾向，只能从外显行为中加以推测，它又是个体与外界之间的中介因素。一旦形成了某种态度，这种态度就具有一定的稳定性，对人的行为产生方向性和动力性影响。

体育态度是指个体对体育活动所持有的认知评价、情感体验和行为意向的综合表现，它也是个体在长期的社会环境影响下，从一定的直接经验和间接经验中习得的，指向于具体的体育活动项目、内容和方法。体育态度形成后会对个体的体育参与行为及其效果产生重要影响。体育态度也是体育活动动力调节系统的重要心理成分。

（一）影响体育态度的活动价值

个体的体育态度受他们对体育活动价值认识的影响。体育价值是指个体认识到的体育活动对人的功能和意义。个体对体育活动的认识不同，就会产生不同的体育态度。因此，体育价值观就是体育态度的认知基础。体育活动具有以下价值：

1. 社会交往价值

有些个体愿意参加体育活动是因为他们认为，体育活动可以提供社会交往的场所和机会，能够满足他们的社交需要，能够让他们在体育活动中结识新的伙伴或保持、延续已存在的社会关系。

2. 健康和谐价值

大多数个体参加体育活动是因为体育活动可以发展和提高身体能力、保持体形和美化外貌。健康、健身和健美是人们的几种基本需要。从目前人们选择的手段看，体育活动拥有其他方法在满足健康和健身需要上无法替代的作用，这也正是体育活动的价值所在。

3. 美感价值

体育活动存在着美，它可以满足人们审美的需要。当个体以优美的姿势完成体育动作时，会自然而然地产生协调、舒展、优雅、流畅的行为美的体验。当然，不同的体育项目有不同的美的表现，持有不同的体育审美标准的个体会从多种多样的体育活动中获得不同的行为美的体验。这是体育活动的美感价值的具体体现。

4. 宣泄价值

从事体育活动可以释放出由心理原因而积压起来的生理能量，从而排除不良情绪对人的影响。当人们心理紧张或焦虑时，往往会在体内积蓄大量的生理能量，做出焦躁不安的行为表现，这就需要通过某种渠道消除紧张或焦虑。身体锻炼恰好能够转移人的注意力，在脑内产生积极的生物化学变化，解除紧张的肌肉反应，获得自控感和满足感。有些个体认为，体育活动的价值正是在生理或心理上具有宣泄价值。

5. 磨炼意志价值

在体育活动中，个体的意志品质将得到极大锻炼。参加体育活动不仅要克服个体自身生理或心理上的障碍，同时还要克服外部的各种困难。因此，体育活动是培养良好意志品质的重要途径。有些个体选择长时间、条件比较艰苦、难度大的体育活动，就是因为认识到体育活动具有磨炼意志价值。

（二）体育态度转变阶段与条件

体育态度[①]的转变包括方向和强度两个方面：使学生从消极的体育态度转向积极的体育态度，这是方向上的转变；使学生的体育态度从较积极转向

---

① 体育态度是指学生通过观察和模仿等社会学习方法获得体育价值观和相应行为方式的社会化过程。

很积极，这是强度上的转变。方向上的转变与强度上的转变密切相关。从一个极端转变到另一个极端，既是方向上的转变，又是强度上的转变，而且强度很大。

1. 体育态度的转变阶段

体育态度的转变过程应包括以下三个阶段：

（1）服从阶段。服从阶段是指学生为得到奖励或避免惩罚，从表面上接受社会、学校的体育规定、要求，听从体育教师的说教，在体育行为表现上与他人保持一致的阶段。服从阶段的特点是学生的行为较多地受到外界因素的影响，一旦外因消失，服从行为就会停止。

（2）认同阶段。认同阶段是指学生逐渐自愿地接受他人的体育观点和群体规范，使自己的体育态度与社会、学校和体育教师的要求逐步接近。在认同阶段，学生的体育行为不完全取决于外部因素，认同能否顺利实现有赖于个体对体育活动情感上的转变和体育活动内容对学生的吸引力。

（3）内化阶段。内化阶段是指学生真正从内心深处相信和接受他人的体育观点、信念，并把这些新的观点、信念纳入自己的价值体系中，彻底转变自己的体育态度。这种内化过程既是学生对体育活动价值认识提高的过程，也是学生体育态度的认知、情感和行为意向成分协调一致的过程。

2. 体育态度的转变条件

转变学生的体育态度依赖于以下条件：

（1）原先的体育态度与要求改变的态度之间距离的大小。如果两者之间的差距大，体育态度转变的难度就大；如果两者之间的差距小，则体育态度就容易转变。

（2）学生参加体育活动的实践。体育实践活动的增加会影响体育态度的转变，这是因为在体育实践活动中，学生能够获得他们原先没有认识到的体育活动的价值，能够体验到过去没有感受到的情感。因此，在安排体育态度消极的学生的体育活动内容时，应先考虑使他们从体育实践活动中获得乐趣，并取得成功，这对他们体育态度的转变至关重要。

（3）必要的体育活动规章制度和严格的要求。在体育态度转变的初期，让学生掌握体育活动的规章制度,对提高学生的行为规范观念是有益的。在学生执行体育活动的规章制度初期阶段,学生的掩饰行为可能较多,体育教师应加以识别,对符合规章制度的态度和行为应给予鼓励,对不符合规章制度的态度和行为要明确加以制止和纠正。

(4)劝说者的态度。学生将正确的体育观点和信念内化到自己的价值体系中是体育态度转变的最终目的,因而大量的说服教育工作是必不可少的。在宣传体育活动的价值、意义使学生的体育态度发生转变时,劝说者的态度是否友好、诚恳、坚定,影响着学生体育态度转变效果的好坏。社会、学校和家庭都有责任教育学生树立正确的体育态度,同时,在教育中也要平等相待、以诚相待、区别对待,热情耐心,循序渐进。

(三)体育态度的培养方式解读

培养体育态度是非常重要的,因为良好的体育态度可以帮助个人在体育活动中取得成功,并在生活中受益。培养良好体育态度的方式具体如下:

1. 培养竞争意识

竞争是体育的一部分,但重要的是,要理解竞争不是一切。要强调比赛中的个人成长、团队合作和互相尊重,而不仅仅是胜负关系。

2. 培养自律和毅力

体育需要自律和毅力,要取得进步就需要坚持练习。教育学生在体育活动中设定目标,追求目标,并克服困难,可以帮助他们培养自律和毅力。

3. 鼓励积极思维

培养积极的体育态度是非常关键的。教育学生接受失败,从失败中学习,并保持积极的态度,有助于提高其体育表现。

4. 强调团队合作

在许多体育活动中,团队合作是成功的关键。教育学生要与队友协作,尊重他人的能力和贡献,以及在胜利和失败时都能保持团队合作的态度。

5. 培养体育道德

教育学生尊重裁判、对手和教练,遵守比赛规则,采取公平的手段。

6. 着重享受体育

最重要的是要记住体育是为了娱乐和乐趣。培养享受体育的态度，而不是仅仅追求胜利，可以帮助学生更好地享受体育的乐趣。

7. 提供榜样和指导

榜样可以起到示范和指导的作用，他们表现出的良好的体育道德和态度，可供学生学习和效仿。

8. 培养自信

鼓励学生相信自己的能力，相信自己可以克服挑战，并在体育活动中获得成功。

良好的体育态度不仅对竞技体育运动员至关重要，对任何参与体育活动的个人都是有益的，有助于塑造优秀品格，并让人们拥有更积极的人生态度。

第三节 心理健康的标准与要素

一、心理健康的评判标准

第一，智力正常。高智商的人，心理不一定都健康。因此，衡量学生心理健康的关键在于学生是否有强烈的求知欲，乐于学习，能够积极参与学习活动。

第二，情绪健康。情绪健康的标志是情绪稳定和心情愉快，表现为对生活充满希望，愉快情绪多于不良情绪，能直面自己的不良情绪，善于控制与调节自己的情绪，情绪反应与环境相协调。

第三，意志健全。意志健全对自觉性具有较大影响，能够较好地发挥行动的自觉性和果断性。有健全意志的人通常有较强的自制力，能在活动中保有较强的自觉性，顺利地解决问题。

第四，自我评价正确。正确的自我评价是学生心理健康的重要标准，它能让学生客观地认识自我、恰如其分地评价自我、正视自我的缺点和不足，并接纳自我，做到自尊、自强、自制、自爱。

第五，人际关系和谐。和谐的人际关系，是事业成功与生活幸福的前提。其表现为：交往动机端正，积极的交往态度多于消极的交往态度，既有广泛的人际关系，又有知心朋友；在交往中既能保持独立而完整的人格，又有自知之明，不卑不亢；能客观评价别人和自己，善取人之长补己之短，宽以待人，乐于助人。

第六，社会适应正常。心理健康的学生能较快适应变化的学习环境、生活环境、自然环境及人际环境等。即使突然发生意外或身处恶劣环境中，也能较快顺应环境并保持心理平衡。

第七，年龄与心理行为相符合。如二者相符，则一般说明心理较为健康；如心理行为与年龄差异较大，则可能是心理出现了问题。

二、心理健康的基本要素

幸福是人类的永恒追求，拥有卓越而幸福的人生是每个学生的理想。培养学生积极的心理素质不仅可以抵御心理疾病的发生、促进心理健康，还是个体生活幸福的基础。学生心理健康必备要素包括以下方面：

（一）潜能

潜能，也称能力倾向，是一个人在当前发展阶段已经显现出的一种潜在的、有助于某项活动顺利进行的可能性。潜能不会自动成为现实的能力，这种可能性必须通过学习、培训及其他手段才会变为实际能力。潜能是人类原本具备却忘记使用的能力，它藏在潜意识中。潜意识内聚集了人类遗传基因沉淀的资讯，它囊括了人类生存最重要的本能与自主神经系统的功能，即人类过去所得到的所有最好的生存信息。正是因为潜能具有隐藏性，所以许多人并不能有效发挥自我潜能。潜能主要包括以下两种：

1. 生理潜能

生理潜能具有生理解剖上的特性，是人类在自然进化过程中所获得的全部成果的积淀、内化和浓缩，并通过生物基因遗传的方式得以保持、巩固和延续。生理潜能是潜能结构中的基础,是人的潜能素质结构赖以存在和发展的物质载体。

2. 心理潜能

心理潜能指人的心理活动借以展开的那些相对稳定、内在、深层的动力倾向性的基本心理品质,是个体心理活动的动力根源。心理潜能由两个层次构成:一是内在的驱动倾向性的心理素质,其内容是需要、兴趣和动机;二是内在自我调控性心理素质,其内容有激励和调控的功能,被用来制约和影响潜能结构的活动状况。

健康优良的心理素质使个体形成斗志昂扬、奋发向上的心理状态,涵盖了丰富多样的心理活动所必须依赖的内在、稳定的深层心理品质。它规定了个体心理活动过程的强度、韧性、稳定性和灵活性等功能指标。个体的心理素质是潜能结构中的心理动力倾向性层面,属于动力型子系统,它发挥着动力作用,从而能更充分地释放潜能结构的创造功能。

(二) 感恩

感恩是积极心理学关注的人的重要特质,它指的是个人对他人、自然或者社会对自己给予过的帮助或者产生过的积极作用等的认可,并愿意予以真诚回报的情感体验和行为倾向。感恩能够使人产生一种力量和信念,这种力量会成为人不断前进的动力,同时,这种力量也能感动和改变周围人,使助人行为成为一种精神传递。当一个人怀有善念和感恩之心时,会表现出更多的正面情绪,也会受到更多人的欢迎。感恩的力量在积极心理学中一直是被重点研究与提倡的。感恩是一种生活态度和一种行为习惯。感恩是教养的产物,不是所有人都具有的。感恩需要养成式学习,学会感恩是人性的极高境界。感恩不能只是埋藏在内心深处,人需要把自己的感激之情用言语、行动表现出来,让曾经给予过自己关心和帮助的人感受到谢意。

在积极心理学中,可以从两个独立存在的维度来看待积极的人格特征:正性的利己特征和与他人的积极关系。感恩本身不仅具有正性的利己特征,还有利于与他人建立积极的人际关系。感恩具有以下作用:

1. 有助于个体人格的完善和心理健康

一个人格完整、心理健康的人，会感受到来自社会的关爱，也必定会对社会心存感激，并以实际行动来报答他人和社会的恩情。培养感恩品质有助于人格的完善，有助于唤起人的感恩心和感恩情，用感恩心来融化人们的内心，培养与人为善、助人为乐的品德，用感恩情不断激励人们培养温暖、自信、坚定、善良这些美好的处世品格。培养感恩意识能使学生在正视个人价值的情况下，即使在逆境中也能考虑到他人，性格变得更豁达，心胸变得更开阔。有感恩心的人会对周围的人和事充满感激之情，会以更积极的态度面对生活，形成我为人人、人人为我的良好社会风气，许多心理问题也会迎刃而解。

2. 有利于构建良好的人际关系，促进社会的和谐发展

对他人的帮助与关心心存感恩，领悟人与人之间关爱的真谛，可以培养人们良好的人际交往素质，与他人和谐相处。一个人为他人做了善事，得到他人的感激和尊重，这种感激和尊重会促进人际关系的良性发展，增强人与人之间的感情交流，形成一个和谐而令人愉悦的人文环境。

3. 帮助人们确立社会责任感

只有学会感恩的人才能不断内省内察，体谅父母的辛苦和他人的善意，才能体会个体的成长离不开他人的帮助、离不开社会的关怀，也才能体会大自然的恩赐和社会的恩惠，才能自觉服务社会、建设社会，树立起维护社会形象和建设社会的社会责任感，从而营造良好的社会氛围。感恩是一种美德，体现着真善美的特点，是人文素质的重要组成部分。懂得感恩的人，往往也是有道德、讲诚信的人，他们通常都有着被人尊重与信任的特点，在为人处世方面周到而得体，在社会中广受欢迎。他们往往在工作中更胜任某些工作岗位，因获得更多的锻炼机会而迅速成长，从而不断提升自身的社会适应能力。可见，感恩之心能帮助人们迅速融入社会，获得更多的社会资源，在自己需要帮助的时候，这些社会资源都将成为社会支持的重要来源。

（三）乐观

积极心理学强调人最难改变的是看待事物的视角，快乐与否在大多数情

况下取决于主观意识；态度不同，心情自然也不同。乐观是遍观世上人、事、物皆觉快乐而自足的持久性心境。

1. 乐观的形式

（1）乐观人格倾向，也可称作气质性乐观。乐观是一种比较稳定的人格特质，代表人们对未来积极事件发生的一般期望。乐观人格倾向理论将人视为连续体，一端是乐观者，通常认为好事会发生，另一端是悲观者，一般认为坏事会发生，并且人们可以表现出较为稳定的乐观或悲观倾向。乐观的人格特质能够使个体对自己形成一种重要而又健康的自我暗示。

（2）解释风格乐观。乐观被当作一种可以由学习得来的解释风格。解释风格是指个体对成功或者失败进行归因时表现出来的一种稳定倾向。解释风格分为两种：乐观解释风格和悲观解释风格。一个人之所以乐观，主要是因为这个人善于把消极事件、消极体验及个体所面临的挫折或失败归因于暂时、外在、特定的因素，这些因素不具有普遍意义。与此相反，一个人之所以悲观，是因为这个人会把消极事件、消极体验及个体所面临的挫折或失败归因于稳定、内在、普遍的因素。乐观解释风格理论主要认为乐观是个体对其经历过的事件的归因模式，是认知的个性变量，是个体人格特征的重要表现形式之一。

乐观人格倾向理论和乐观解释风格理论都认为乐观是一种稳定的人格特质，但是它们又是从不同角度来定义乐观的。气质性乐观是指对未来目标的总体期望，代表的是乐观的直接含义，而解释风格乐观则通过对过去特定事件的归因方式来评价个人的乐观水平，它与乐观是一种间接的关系。总之，对于乐观的定义可以理解为：乐观作为一种重要的人格特质，是建立在积极的解释风格（归因方式）基础上的对未来事件的积极期望，它是调节人的心理健康和身体健康的一种重要的内部资源。

2. 乐观的作用

（1）乐观可以促进健康。决定身体健康的一个很重要的因素就是认知，对健康的看法会督促个体采取行动改善自身的健康状况。积极的情绪状态能够防止和减少疾病的发生，相比悲观者，乐观者较少受到传染病的感染，甚至寿命更长。另外,乐观还可以促进心理健康。与悲观者相比,乐观者适应性强,对生活的满意度较高,产生抑郁的可能性较低。如乐观的大一新生有较低水平的压力、抑郁和孤独感,能感受到更多的社会支持,能更快适应新生活。

(2)乐观让人获得更多的资源。乐观的人更愿意与人交往,这样他们便有可能获得更多的社会资源,如朋友的帮助、同事的支持、领导的赏识,从而拥有更多发展自身能力的机会。乐观者拥有更高的自尊,在遇到挫折时,会用一种更积极的心态来评价和分析压力情境,寻找解决问题的方法,寻求社会支持系统;自我接纳并进行自我改进,积极再定义压力事件,利用爱好或兴趣转移注意力,克服困难,获取更多的资源帮助自己前进。

(3)乐观可以增进成就。乐观者和悲观者之间的差异并不在于目标本身,而在于他们在实现目标过程中的差异。越是乐观的人,越是能够积极地期待着实现日常生活中的那些单个目标。此外,除了期望实现目标外,乐观者还对树立的目标表现出较强的执着度和忠诚度。悲观者即便认为自己的目标是重要的,仍无法保持对目标的执着,不相信它一定能够实现,而似乎总是要停止努力,这也减少了目标实现的可能性。

(4)乐观者能得到更多认同。在日常生活中,乐观的人更容易用自己积极的情绪感染人,他们的言语和行为更易得到认同,因此,成功的概率也会相应增大。

3.乐观者的特征

(1)乐观者能够接纳、认可自己。乐观的人对自己是一种肯定的评价态度,能够自我认可、自我接纳。

(2)乐观者可以包容他人。能够对他人采取包容的态度也是乐观者的一个特征。乐观者在与他人相处时,通常能够较多地认识到别人的优点和长处,体谅别人的情绪感受,并乐于同他人交往,能够在与他人的交往中获取有益的知识和经验。

(3)乐观者能够从积极的角度思考问题。乐观者通常能够以辩证的眼光看待周围的世界,从积极的角度思考问题,在低谷中看到转机。意志坚强的乐观者面对诸多问题总是抱着大有可为的态度，遭遇变故时会更加坚强。

（4）乐观者具有坚定的信念。乐观者对于自己认准的目标非常执着和忠诚，不会因为一两次失败而动摇自己的信念。

（四）希望

希望既包括认知成分，又包括情感成分。把希望归入情感领域，希望是一种情绪体验，一种在个体处于逆境或困境时能够支撑个体坚持美好信念的特定情绪；把希望归入认知领域，希望就是一种使个体维持自己朝向某种目标的活动的思维和信念。

满怀希望的人虽然也像其他人一样经历过很多的挫折，但是他们形成了自己能应对挑战和不幸的信念，并坚持进行积极的自我对话。当目标遇到障碍时，满怀希望的人能较少地体验到消极情绪，这可能是因为他们创造性地找出了其他可选择性的达到目标的方式，或者灵活地选择了其他更容易达到的目标。遇到困难时，满怀希望的人倾向于把大的、模糊的问题变成小的确切的、可控制的问题。

（五）成功

生命因目标明确而璀璨。人的一生中会遇到许多需要珍惜、把握的事情和机会，也会有很多不平与挫折的经历，但只要胸怀大志、目光长远，每天向目标迈进一点点，成功就会循序渐进地变为现实。

成功者并不是幻想冒险主义者，而是进取的现实主义者。成功者拥有积极心理，不受外界环境的干扰。成功者能够集中精神，执行计划，直至成功，显示出积极的个性素质。成功就是一个人事先树立的有价值的目标被循序渐进地变为现实的过程。成功需要勇气，需要勤奋，驱使勤奋的动力源于自我需要。参加的活动或从事的工作，不仅应该于己有益、让自己快乐，还应该对他人、对社会也有帮助，即成就自己，造福他人。

（六）幸福

幸福是一种主观体验。心理学家以个体的主观判断标准来界定幸福，即认为幸福就是评价者根据自己的标准对其生活质量进行的综合评价。所谓主观幸福感，是指评价者根据自定的标准对其生活质量进行的整体性评估，它是衡量个人生活质量的重要综合性心理指标。个体主观幸福感的核心内容是对自己生活的总体满意感，即个人对自己的行为和整个生活质量是满意的，而且这种满意感是全面、深刻、稳定、长久的。另外，幸福虽然是主观感受，但并不是主观感觉，幸福不是想出来的，而是做出来的，是在做事情过程中产生出来的积极情感与认知。

主观幸福感包括三个特性：①主观性。它存在于每个人自我的经验之中，对自己是否幸福的评价主要依赖个体的标准，而不是依赖他人或外界的标准，人们可能具有同等程度的幸福感，但它们的实际标准却是不一样的。②稳定性。个体的主观幸福感是一个相对稳定的值，具有跨情景的一致性，反映的是个体的长期情感状况和生活满意度。③整体性。主观幸福感不是指个体对其某一个单独的生活领域的狭隘评估，而是指个体对其生活的整体评价。例如，要了解某个人的生活满意度，并不是仅仅询问其对工作或家庭等某个方面是否满意，而是要了解他对生活总体的满意度。

总而言之，主观幸福感是个人所具有的一种独特的心理状态，是一个人积极体验的核心，同时也是其生活的最高目标。

1. 幸福的理论依据

（1）比较理论。比较理论的标准为一个人感到幸福与否，是通过将现实的境遇同某一标准进行比较、判断而得到的结果。这一标准既可以是内在的，也可以是外在的。当现实条件优于标准时，主观幸福感就高；反之，当标准优于现实条件时，主观幸福感则低。这一理论实际上包含了三个子理论：社会比较理论、适应理论、自我理论。

第一，社会比较理论。社会比较理论指的是个体从能力、感觉、观点、境况等方面将自己与他人进行比较的过程。这是一种横向的比较，当比较结果显示自己优于别人，那么就能体会到幸福感；当比较结果显示自己不如别人，那么幸福感就会比较低。通常，幸福感强的人喜欢做向下的比较，乐观的人更愿意关注不如自己的人的数量；相反，幸福感不强的人既会向下比较也会向上比较，悲观者更愿意关注比自己强的人的数量。在现实生活中，很多人倾向于拿自己没有的跟别人拥有的相比较，拿自己的短处和别人的长处相比较，拿自己现实中的生活情景和电影、电视、互联网等所呈现的典范相比较，从而导致自己不愉快。这种不幸福和消极的社会比较有很大的关系。

第二，适应理论。适应理论指的是相同个体在不同时间段内的比较，是一种纵向的比较。不同于社会比较中自己与他人的比较，适应理论就是自己和自己的纵向比较。如果一个人感觉自己现在的生活比过去要好，那么幸福感就会比较强；如果感觉现在的生活不如过去的，那么幸福感就会降低。这样的情况在生活中是十分常见的，因为过去的生活已经成为将来生活的参照标准，被个体用来判断现在生活和过去生活的优劣。一般而言，当事件第一次出现时，能够使人产生明显的幸福感与不幸感，但是随着事情的反复出现，它激发主体情感的能力就会逐渐下降。因为人们不仅可以逐渐适应好的环境，不再感到幸福，也可以逐渐适应坏的环境，不再感到不幸，这时，事件只有发生了改变才能再一次使人产生情感变化。但人通常具有比较强的适应能力，以至于往往觉察不到事件对自身的影响，这就可以理解为何生活事件对主观的幸福感影响较小了。

第三，自我理论。心理学上将"自我"划分为"理想自我"和"现实自我"两部分，而这个比较的标准是"理想自我"。当个体认为现实自我要优于理想自我时，幸福感就会提升；反之，当个体认为现实自我与理想自我相差甚远时，就会产生不良情绪，幸福感就会降低。例如，理想中的自我是一个有修养、有气质、收入高、受人尊重、人际关系良好的人，如果现实果真如此，就会感到很幸福；而若现实与此有很大差距，就会感到失望、沮丧。

（2）目标理论。目标能够对人的情绪、主观愿望产生影响，它是情感系统重要的参照标准。目标理论认为，生活目标与主观幸福感的各个组成部分是有关联的。目标是否达成，追求目标的策略是否成功，会对个体的自我和生活满意度产生明显的影响。因此可以说，主观幸福感是依赖于生活目标的。目标必须与人的内在动机或需要相适宜，才能提高主观幸福感。缺少目标、目标之间存在矛盾和冲突、指向目标的活动受干扰则会产生负性情绪，从而降低个体的主观幸福感。个体实现具有内在价值的目标（如利他性）比实现外在的目标（如资金、地位等）更能激起人的幸福感。

（3）活动理论。活动理论认为，主观幸福感产生的来源是个体活动本身，而不是目标的实现。例如，在足球运动中，所有运动员在比赛中相互协作、互相支持，为进球而欢呼，为失球而遗憾，在这期间，每个人都体验到了参与足球运动所带来的快乐，而比赛结果已经不是最让人关心的了。幸福感来自有价值的活动本身，在人们投入某项活动中时，个人、行动和意识相交融，注意力高度集中，甚至感觉不到时间的流逝，这种物我两忘的境界会使人经历一种难以言喻的喜悦。这种理论与"幸福在追求的过程中"的说法接近。

2. 幸福对个体的影响

幸福是一个人积极体验的核心，同时也是其生活的最高目标。幸福的核心内容是对自己的总体满意度，因为这种满意度是全面且深刻、稳定而长久的，所以对身心健康具有较大影响。幸福虽然是主观感受，但它是行动产生的积极情感和认知，幸福在于在做正确事情的过程中发挥了自我潜能，获得了安全感、幸福感以及个人成长。同时，幸福有别于快乐，是一种比快乐更加高级和复杂的情感，快乐是即时的，是与正面刺激有关的身体反应，在快乐面前人是被动的，快乐不一定幸福，快乐过头有时甚至是对幸福的损害。

在心理学理论中，当人类个体认识到自己的需要得到满足及实现理想时会产生一种情绪状态，这种状态就被称为幸福。幸福是由需要、认知、情感等内在心理因素和外部因素通过交互作用而形成的，它是一种多层次且复杂的心理状态和整体性评估。幸福既是人们按照自己的标准对生活进行的评价，也是衡量生活质量的重要心理指标。人的主观幸福感能够影响个体的免疫系统，从而进一步影响到身体健康。主观幸福感强的人要比缺乏主观幸福感的人的免疫系统工作更为有效。笑不仅可以促进积极情绪的产生，还可以提升免疫系统功能，而这种改善是通过积极情绪的主观体验来调节的，这表明主观幸福感产生的积极情绪能够促进健康。幸福是一种主观体验，个人一旦体验到生活的意义就会产生幸福感。

（七）身体

身体是人类存在的基础。有了健康的身体，才能更加积极有效地投入学习和工作中，更加充分地享受生活的乐趣。因此，学生需要照顾好身体，保持健康。运动不但能改善生理素质，而且能改善心理素质；运动能快速减轻紧张、焦虑的情绪以及加强活力感，而且这些功效是长期性的。酣睡有缓解焦虑的作用，能帮助消除压力、改善情绪。因此，坚持体育锻炼、保持充足睡眠和健康的饮食习惯都会对身体和精神健康大有裨益。此外，专注力练习及冥想是减压良方，可以让人有效得到精神及情绪上的平静。

（八）人际关系

一个人的幸福和快乐离不开人际关系的影响，痛苦和不幸往往也离不开人际关系的影响。在人的所有经历中，不管是痛苦的、快乐的、悲哀的还是幸福的，无不与人际关系相关。人际关系是人们在社会生活中，通过相互认知、情感互动和交往行为所形成和发展起来的人与人之间的相互关系，是人与人之间通过交往、相互作用而形成的直接的心理关系或心理上的距离，它反映了个人或群体寻求满足需要的心理状态。人际关系是在人与人之间发生社会性交往和协同活动的条件下产生的，会对个体的心理和行为产生深远的影响。

人际关系的变化和发展，决定于交往双方在交往过程中物质和精神的需要能否得到满足。因此，人际关系反映的是人与人之间的心理距离。良好的人际关系，尤其是父母与子女、夫妻、亲密朋友之间等关键的人际关系的融洽，是人生幸福的最重要的决定因素之一。积极人际关系的意义，主要包括以下几方面：

1. 积极人际关系对社会组织的意义

积极人际关系对社会组织的意义，主要包括以下几方面：

（1）人际关系是培养社会组织内部"家庭式氛围"的必备条件。

（2）处理和协调好人际关系是增强群体凝聚力和向心力的重要因素。

（3）处理和协调好人际关系也是提高工作效率、完成群体目标、实现人的价值的内在要求。

2. 积极人际关系对个人的意义

善于运用人际关系、有效的人际交往是获得成功的关键,主要表现在以下几方面:

(1) 建立并保持良好的人际关系有利于个体的社会化。个体社会化指的是,人通过学习知识、技能以及特定的社会准则与规范,来获得社会有效成员资格的过程。个体社会化水平在一定程度上代表着一个人的成熟程度与能力的强弱,而良好的人际交往能力既是个体社会化的必备条件,也是完成社会化的有效途径。

(2) 建立并保持良好的人际关系是人的基本心理需求。人在保证了基础生存需要,获取了基本的安全需要后,在精神方面就有了更高的需求,需要人际交往,获得尊重、爱以及自我实现。而且,即便是为了基本生存,也需要一定的人际交往,可以说,人在满足任何一个层面的需要时都是离不开人际交往的。

(3) 建立并保持良好的人际关系有利于个体的身心健康。良好的人际关系对个性发展和心理健康都有着很好的帮助作用,主要体现在:①代偿作用。良好的人际关系可以在一定程度上代替亲情,起到消除失落感与孤独感的作用。②稳定情绪。人在遇到烦恼的时候能够找人倾诉,在快乐的时候能与人分享,这些都能够使人获得情感上的稳定。③良好的人际关系有助于发展和深化自我意识,能使个体具有归属感与安全感,进而获得自尊心与自信心。健康的个性和良好的人际交往是息息相关的,一个人心理越健康,人际交往越积极,就越接近社会期望。心理健康的人往往拥有有利于人际交往和建立良好人际关系的个性,他们友好、温和、真挚,信任别人也被别人信任。同样,健康的心理也来自人际关系良好的和睦家庭,这充分说明人际关系状况会影响个性发展和身体健康。

(4) 人际交往是人生幸福的需要。对于人生幸福而言,良好的人际关系具有重要甚至是首要的意义。一个人生活是否幸福,在一定程度上取决于在日常生活中与配偶、子女、父母、恋人、同事、朋友等的关系是否良好。如果与其他人保持深刻的情感联系,那么,通常会感到生活是幸福且有意义的；相反，如果没有良好的人际关系，则会感到缺少目标和动力，甚至沮丧和抑郁。可见，在人的精神需要方面，人际关系远比获得成功、名誉和地位更为重要。

（5）良好的人际关系有利于事业的成功，这是因为良好的人际关系能完善人的品格，帮助个体开阔眼界，获得更多的信息交流机会和事业上的支持与帮助。

总而言之，学生应建立良好的人际关系，积极与他人相处，以提升自己的生活质量，这也是人际关系心理发展的最终目标。

（九）人格与自我意识

人格与自我意识是人生的要素。人生的成长目标是达到自我实现，也就是最大限度地了解自我、发展自我、成就自我，实现自我完善和自我超越。人的自我实现在于协调理想自我与现实自我的距离，使两者达到最完美的结合。

积极的人格特征中存在两个独立的维度：一是正性的利己特征，指接受自我、具有个人生活目标或能感觉到生活的意义、独立、成功或能够应对环境的挑战；二是与他人的积极关系，指的是当自己有需要的时候能获得他人的支持，在别人有需要的时候愿意并且有能力提供帮助，看重与他人的关系并对已达到的与他人的关系表示满意。所以，积极的人格有助于个体采取更为有效的应对策略，从而更好地面对生活中的压力。

自我可以分成两个方面，即作为客体的自我（经验的自我）和作为主体的自我（纯粹的自我）。自我意识就是指人们对自我的认识以及对自己和周围人关系的认识。自我意识的结构可以分为以下三个层次：

第一，自我认知。自我认知是自我意识中的认知成分，也是首要成分，它包括自我感觉、自我概念、自我观察、自我分析和自我评价，是自我调节控制的心理基础。在自我观察的基础上反思自身，就形成了自我分析。对自己的能力、品德和行为等进行社会价值评估就是自我评价，它是一个人自我认知水平最重要的体现。

第二，自我体验。自我体验是自我意识中的情感表现，其具体内容包括自尊心与自信心。自尊心指的是个体在社会中获得的与自我价值有关的积极体验与评价；自信心指的是个体对自己能否承担并胜任任务而产生的自我体验。自尊心和自信心与自我评价具有十分紧密的联系。

第三，自我调节。自我调节是自我意识中的意志成分，它主要体现在个体对自身行为、活动与态度的调控上，其具体内容包括自我检查、自我监督和自我控制等。自我检查指的是主体将自己的实际活动结果与活动前预设的目的进行比较的过程；自我监督指的是主体以内在行为准则或价值标准，对自己的言语行为进行监督的过程；自我控制指的是主体主动对自身的心理与行为进行掌握的过程。自我调节直接作用于个体行为，它是个体自我教育与发展的重要机制，同时，也是自我意识能动性质的表现。自我意识调节的具体内容表现在：启动或制止行为、心理过程的加速或减速、心理活动的转移、动机的协调、积极性的加强或减弱以及根据计划对行动进行监督检查等。

人的自我意识是在个体成长与发展中逐步形成的。人首先会建立对他人和外部世界的认识，其次才开始认识自己。自我意识正是通过与他人的交往，根据他人对自己的看法和评价逐步形成的，这种认识自我的过程将伴随人的一生。每一个生命都是被选择的，只要出生就是有价值、有意义的，应该对生命充满珍惜与感激、热爱与欣赏。积极的自我意识不是张扬的，而是自然而然、发自内心的，不用借助言语的承诺或外在的东西为自己增加暗示力量的心境或者情绪，它也是高自尊的表现。

第四节　心理健康教育内容与实践

心理健康是人们生活中至关重要的一部分，与身体健康一样，心理健康也需要关注、培养和维护。在现代社会，焦虑、抑郁等心理健康问题越来越普遍，因此，心理健康教育在教育领域中的地位变得愈加重要。

一、心理健康教育的内容

心理健康教育是一种通过教育和培训来促进个体心理健康的过程,它不仅包括识别和处理心理健康问题,还包括教授预防这些问题的方法。心理健康教育的目标是帮助个体建立健康的情感和心理抵抗力,以更好地应对生活中的挑战。心理健康教育的内容非常广泛,具体包括以下六个方面:

第一,情感管理。情感管理是心理健康教育的一个重要方面。它涉及识别、理解和有效管理自己的情感,以及与他人建立积极的情感关系。情感管理教育可以帮助个体更好地应对焦虑和抑郁等负面情感,并提高自我调节能力。

第二,压力管理。压力是现代社会中普遍存在的问题,因此压力管理也是心理健康教育的一部分。个体需要学会应对各种类型的压力,包括学业压力、职业压力、家庭压力等。压力管理教育可以教授个体应对技巧和应对策略,帮助个体减轻压力并维护心理健康。

第三,自尊和自信。自尊和自信是心理健康的重要组成部分。心理健康教育应帮助个体建立积极的自尊感和自信心,这有助于个体更好地应对挫折和困难,建立积极的自我形象。

第四,社交技能。良好的社交技能对建立健康的人际关系至关重要。心理健康教育应该教授个体如何建立和维护积极的社交关系,包括沟通、解决冲突、建立亲密关系等方面的技能。

第五,心理健康知识。了解心理健康问题和疾病是预防和应对这些问题的第一步。心理健康教育应该提供有关心理健康问题的知识,包括焦虑、抑郁等心理问题的识别和处理,这可以帮助个体更早地识别心理问题和疾病并寻求帮助。

第六,精神卫生资源。心理健康教育还应教授个体如何获取和利用精神卫生资源,主要包括了解专业心理医生、心理治疗、支持团体和热线等资源,以便在需要时能够获取适当的支持。

二、心理健康教育的实践

实施心理健康教育需要采取综合的方法，涵盖学校、家庭和社区等不同领域，具体实践方法如下：

第一，学校层面的实践方法。学校是心理健康教育的关键场所。学校可以通过以下方式来实施心理健康教育：①课程整合：将心理健康教育整合到学校的课程中，以便学生能够在日常学习中获取相关知识；②学校辅导：提供学校心理医生或心理医疗专业人员的服务，以帮助学生处理情感和心理问题；③学校项目：组织学校项目，如心理健康周、讲座和座谈会等，以提高学生对心理健康的认识。

第二，家庭层面的实践方法。家庭是塑造个体心理健康的重要环境。家长和家庭成员可以通过以下方式来支持孩子的心理健康：①沟通：与孩子建立开放和支持性的沟通，鼓励他们分享情感和问题；②模范行为：家长可以成为良好的榜样，通过积极的情感管理和社交技能教育孩子；③支持：提供情感支持，帮助孩子应对挫折和困难。

第三，社区层面的实践方法。社区也可以提供心理健康教育和支持。对于社区资源，可以实施以下方法：①心理健康支持组织：社区可以设立心理健康支持组织，提供心理咨询、支持团体和热线服务，以满足个体的心理健康需求；②活动：举办心理健康相关的活动，如座谈会、瑜伽课程、艺术治疗等，以帮助个体减轻压力和焦虑；③教育资源：提供心理健康教育资源，包括宣传册、在线信息和讲座等，以提高社区居民对心理健康的认识。

综上所述，心理健康教育是提高大众心理健康的关键工具，它教授情感管理、压力管理、自尊自信、社交技能、心理健康知识和精神卫生资源等内容，可以帮助个体更好地应对生活中的挑战，减少心理问题的发生。实施心理健康教育需要学校、家庭和社区的合作，共同建立一个支持个体心理健康的环境。通过这一过程，我们不但可以提高个体的生活质量，减轻社会负担，而且还能促进社会稳定。心理健康教育不仅关乎个体，也关乎整个社会。因此，心理健康教育应该被视为重要的教育政策和社会政策。

思考与练习

1. 阐述体育动机的培养与激发措施。
2. 如何培养学生的体育兴趣?
3. 简述心理健康的标准与教育内容。

第三章　体育运动处方与科学锻炼

第一节　运动处方的基础理论

概括而言，处方是指医师给病人开的药方。处方最显著的特点就是针对性，不同的病或同一种病的病因不同、程度不同，不可能使用同一个处方。同样，要科学锻炼身体，提高自身的健康水平，预防或治疗疾病，必须要有针对性的运动处方，才能达到预期效果。

运动处方类似于临床医药处方，与其既有相同之处，也有不同之处。医药处方是医生给病人开药，为病人治病的医疗措施，医生根据病人的病情及结合药物性质，给病人提供相应的药物，并叮嘱用药方法、剂量和次数等；运动处方是康复医师、体育教师、教练员、社会体育指导员根据医学检查资料和锻炼者的情况，选择适宜的运动内容，制定运动量，并指出注意事项等。

运动处方与药物处方的不同之处在于：一是目的不同，运动处方是用来提高体适能、促进健康或防治疾病，医药处方是为了治疗疾病；二是使用节点不同，运动处方在人的一生中都可以发挥重要作用，而医药处方在病人痊愈后即停止使用。为了获得良好的体能水平，我们必须终身进行适当的体育锻炼。按照运动处方进行科学锻炼，既安全可靠又有计划性，可以在短期内达到强身健体和疾病康复治疗的双重目的。

"体育运动处方，是指对从事体育锻炼的人（含病人），由康复医师、体育教师、教练员、社会体育指导员，根据医学检查资料，包括运动试验及体能测试，按其年龄、性别、健康状况、身体素质、心血管功能状况，结合生活环境和运动爱好或训练条件等主、客观条件，用处方的形式制定适合身体练习者的运动内容、运动量、运动时间及频率，并指出运动中的注意事项等，以达到健身和康复身体的目的。"[1] 运动处方就是在身体检测的基础上，根据锻炼者的身体情况，按照科学健身的原则，为锻炼者提供的量化指导方案。简言之，就是以处方形式规定运动参加者的练习内容、运动负荷，指导人们有目的、有计划、科学地锻炼身体。

一、运动处方的优越性

体育锻炼是一把"双刃剑"，科学的体育锻炼能有效增强个人的身体素质、心理健康，反之则会对身心健康产生不良影响。在大量的实践中，人们渐渐认识到这一点，体育锻炼逐渐开始倾向于安全性、全面性、针对性、有效性等。而健身运动处方正是针对锻炼者的身体状况、兴趣爱好等，为锻炼者制定的科学的运动处方。按照科学的运动处方进行有效的体育锻炼，既能保障锻炼者的身心安全，又能达到健身效果。归纳起来，采用运动处方进行锻炼有以下方面的优越性：

第一，有效实用。这主要是指运动处方在训练时产生的效果。每个人的身体素质都有差异，要根据自身的身体状况和健康水平，确定锻炼强度和训练时间，这样经过一段时间就能看出锻炼效果。

第二，有针对性、安全性。运动处方的制定与实施要有一定的针对性和安全性，采用运动处方进行锻炼的人员要根据自身在体育锻炼中出现的状况，科学地对运动处方的练习内容、方法、时间、强度、频度等进行调整，避免在体育锻炼中出现运动伤害。

第三，有目的性。制定运动处方要有目的性，如以锻炼身体增强身体素质为目的、以健美瘦身为目的、以预防治疗疾病为目的等。参加锻炼人员要

---

[1] 岳慧灵. 体育课程运动处方教学模式 [M]. 长春：吉林人民出版社，2020：1.

明确自身的需求和目的,这样在体育锻炼中才能取得良好的效果。

第四,有趣味性。体育锻炼是一项非常枯燥的项目,要根据锻炼者的兴趣爱好编排、制定运动处方项目,这样才能使锻炼者进行持久的锻炼。

二、运动处方的具体分类

随着运动处方的不断完善,对"不同的身体状况、不同的锻炼目的应采取不同的锻炼方法"的要求更加严格,尤其是对那些身体患有疾病的人,必须严格地按照运动处方进行体育医疗。按照不同的标准将运动处方进行分类,有助于我们认识运动处方的特点,从而更有效地发挥它的作用。

(一)按运动目的进行分类

1. 健身运动处方

健康人进行运动处方锻炼是以增强体质和提高健康水平为目的的。健身运动处方可以根据不同年龄分为老年人健身运动处方、成年人健身运动处方、青少年健身运动处方、幼儿健身运动处方等。健身运动处方还可根据不同的职业分为企业工人健身运动处方、公务员运动处方、科教人员健身运动处方等。

2. 竞技运动处方

竞技运动处方是针对从事专项运动的人员,以增强其身体素质和提高运动技能水平为目的而制定的运动处方。根据发展某项身体素质,竞技运动处方可分为力量型运动处方、耐力型运动处方、速度型运动处方、灵敏协调型运动处方等。根据训练计划的类型,竞技运动处方分为周期型训练处方、周训练处方、课训练处方等。

3. 康复治疗运动处方

康复治疗运动处方用于慢性病患者和残疾者,以辅助治疗疾病、提高康复医疗效果为目的。康复治疗运动处方也可用于某些疾病或损伤的治疗和康复,它使医疗体育更加定量化、个别对待化。康复治疗运动处方分为肥胖症运动处方、高血压运动处方、糖尿病运动处方、冠心病运动处方、癌症运动处方等。

(二) 按构成体质的要素进行分类

1. 改善身体形态的运动处方

身体形态主要通过身高、体重、坐高、胸围、腰围、臀围和皮褶厚度等指标反映。可以制定相应的运动处方，通过锻炼使身体形态得到改善，如增加身高运动处方、控制体重运动处方、改善胸围运动处方等。

2. 增强身体机能的运动处方

身体机能是人体各器官、系统及整体所表现出来的生命活动现象。制定相应的运动处方，能增强人体各器官、系统的功能，提高健康水平。增强身体机能的运动处方有增强心血管功能运动处方、增强肺功能运动处方、促进消化功能运动处方等。

3. 增强身体素质的运动处方

人体肌肉活动中所表现出来的力量、速度、耐力、灵敏度及柔韧性等能力统称为身体素质，它是人体为适应环境变化所储存的身体能力要素。为增强身体素质制定的运动处方，有增强力量素质运动处方、增强速度素质运动处方、提高耐力素质运动处方、发展灵敏性素质运动处方等。

4. 调节心理状态的运动处方

健康的心理可以维持人的正常情绪，保持人的正常生理功能，以适应内外环境的各种刺激。按照相关的健心运动处方进行锻炼，可以增进心理健康。调节心理状态的运动处方有培养意志品质的运动处方、增进健康情感的运动处方等。

5. 提高适应能力的运动处方

适应是指与周围环境的关系发生较大变化时人体所采取的一系列被动性与主动性调整，这些调整大部分属于保护性反应。通过提高适应能力运动处方的锻炼，人体可以提高对内外环境各种变化的适应能力，增强对疾病和有害生物因素的抵抗能力，以及对各种社会心理性紧张刺激的应激能力。

(三) 按照锻炼的器官系统进行分类

1. 心血管系统的运动处方

以提高心血管系统功能为主，用于预防、治疗和康复各种心血管疾病，如冠心病、高血压等。

2. 呼吸系统的运动处方

改善和提高呼吸系统功能，以预防、治疗和康复各种呼吸系统疾病，如哮喘、肺结核、气管炎等。

3. 神经系统的运动处方

改善和提高神经系统功能，以预防、治疗和康复各种神经系统疾病为主，如改善睡眠的运动处方、预防和治疗神经衰弱症的运动处方等。

4. 消化系统的运动处方

改善和提高消化、吸收功能，以预防、治疗和康复各种消化系统疾病为主，如治疗消化不良的运动处方等。

5. 运动系统的运动处方

以改善和提高运动系统的功能为主，预防、治疗和康复运动系统疾病，如治疗肩周炎的运动处方、预防关节炎的运动处方等。

三、运动处方的发展趋势

第一，健身运动处方的任务由单一健身发展到追求身心全面健康。近年来，健身运动处方的应用呈现出强度和缓、身心全面、质量精细的特点，运动方式不再仅注重强度，过去那种快节奏的健美操、超长距离跑步已渐渐被每周3～4次，并且每次半小时以上的轻松和缓的健美操、瑜伽、太极拳、慢跑、快走等形式代替。身心全面健康，包括精神与身体和谐发展、通过锻炼解除心理压力、提高对现代生活的适应能力等，不仅成为制定健身运动处方所追求的目标，也成为人们期望通过运动能实现的目标。

第二，预防和治疗现代文明病成为健身运动处方的共同任务。运动不足是现代人的通病，其所导致的骨质疏松、退化性关节炎、肌肉萎缩症、颈椎病、肩周炎、腰腿痛等疾病，与运动不足有关的现代文明病或称成年人病，如心脏病、高血压、糖尿病、胃溃疡、肥胖症、神经官能症、脑血管病等，至今没有特效药可治愈。健身运动处方可以有效预防和减少这些疾病的产生；在康复医学中，康复运动处方可以有效加快这些疾病的康复。预防和康复现代文明病、运动不足症等已成为健身运动处方和康复运动处方的共同任务。

第三，运动处方应用系统化和商业化。在一些国家，运动处方早已深入普通家庭中，很多国家已经成立了体质检测中心和正规的健身俱乐部，只需缴纳一些费用，专业的健康教练就能量身定制适合健身者的运动处方。20世纪90年代末，美国首次建立了运动生理学会，学会的成员可作为美国健身俱乐部的指导人员进行健身运动处方指导工作，这成为健身运动处方发展过程中的一个新的里程碑。

第四，健身处方追求身心全面发展。近年来，运动处方训练的方式不再仅限于强度、健美、长跑等，而是逐渐转变为以柔为主，从而替代了强度训练的锻炼模式。在体育锻炼中不仅要注重身体的健康，而且要注重身心的全面协调发展。

第五，运动处方的预防功能更甚于治疗。现代人缺乏经常性锻炼，日积月累地产生了很多疾病，如关节炎、颈椎病、肩周炎、骨质疏松、腰间盘突出、心脏病、高血压、糖尿病、肥胖症、神经衰弱等，这些疾病都与运动量不足有关。现代文明疾病已经成为各国的难题，而通过运动处方的干预可有效对疾病进行预防和治疗，降低疾病的发生频率；在运动康复学中，康复性运动处方可加快对这些疾病的治疗。预防和治疗现代文明疾病已经成为诸多学者和体育教学者的共同任务。

第六，处方的个性化、自动化、计算机化发展。运动处方不但要对不同人群产生不同效果，而且必须是对每个个体都有其特异性，这样才能更加凸显运动处方的实效。制定个性化的运动处方需要大量的人力，因此，必须研制运动处方电脑程序，利用信息自动化处理、体能自动监测等科技手段和技术，提高运动处方的科学性、易普及性，最好能形成系统的、成套的推广模式，这也是运动处方研究的新趋势。

第二节 运动处方的制定分析

一、运动处方制定的基本原则

利用体育运动来促进身心健康、预防疾病、提高身体素质等，都必须遵循人体活动的生理规律，同时也要符合个人的心理特点。只有所设计的运动内容、强度、时间符合身体特点和锻炼重点的要求，才能取得良好的锻炼效果。在设计制定和实施运动处方时，要遵循以下基本原则：

第一，个性化原则。运动处方制定的个体性由其目的性决定，不同的人通过运动所达到的效果是不同的，而每个人的身体条件不同，同样的运动刺激在不同人身上所产生的反应是不同的，并且每个人的身体或客观条件也在经常变化，因此要按运动处方的执行情况，及时调整处方的内容。必须根据每个人的具体情况，因人而异，差别对待。

第二，循序渐进与可调整原则。在制定运动处方时，要考虑运动者的身体承受能力，过小的运动刺激不会使身体产生反应，过大的运动刺激又会使身体产生不适应或不良反应。开始用运动处方时，不能因运动量小，完成起来比较轻松，就擅自增加运动量和运动频率，使运动负荷增加太快。在负荷未达到一定程度时，这样做可取得一些表面成功，但很快会因过度疲劳而不得不中途放弃，甚至因而出现事故，这就很难将这种运动变成一种终身需要的健身活动。正确的方法是以"最佳运动强度"为依据，循序渐进地增加运动负荷，使运动强度既能产生足够的刺激，又力所能及。即便是某些被公认的运动处方，应用时，也会有不适应的人。对于初定的处方，在实行过程中，要进行一次或多次的微调整，使之成为符合锻炼者条件的运动处方。须知，一个安全、有效、愉快的运动处方，不是别人给予的，而是自己制定的。书刊上的运动处方应看作制定运动处方的指导。

第三，以全身耐力为基础的原则。在制定运动处方时，体力的差别比性别和年龄的差别更为重要，因此，以体力（全身耐力）情况作为基础来制定运动处方才是适宜的。

第四，安全性与有效性原则。为了提高全身耐力水平，运动必须达到改善心血管和呼吸功能的有效强度，这就是靶心率范围。如果运动超过其上限，就可能有危险。身体条件差的人（年老、体弱、成人病者），容许的运动条件受限制多些，制定处方时必须严格规定运动内容；身体条件好的人，自由度大，运动内容规定就不那么严格。例如，对于高龄者而言，散步是容许的运动，而强健的壮年者，从跑步到所有的运动都是处方的内容。运动强度、时间和频率等越高，效果也越好，但它有最高和最低限度。具体而言，危险性小而且效果好的适宜强度是 $60\%\sim85\%$ HRmax，相当于 $57\%\sim78\%$ VO_2max 的心率值（靶心率）。

第五，体质基础与运动效果的特异性原则。锻炼前体质差的人，从事强度小的运动也能收到显著效果，而锻炼前体质强的人，则需要更高运动强度的刺激才能见效。运动时身体生理的适应，因运动种类或方法的不同而有所不同，这称为运动效果的特异性。一般而言，运动效果是有特异性的，根据目的选择适合的运动种类很重要。例如，仅一条腿进行训练时，只在训练的腿出现生理学变化等。想进行增强体力运动的人，自己应知道用什么方法训练身体的哪个部分，而不要盲从教练、指导者的指示。明确自己锻炼的目的、意义和方法，是坚持长期锻炼并收到效果的关键。

二、运动处方制定的具体要求

为确保健身运动的安全性和有效性，制定运动处方时，应该按照一定的程序进行系统检查，获得制定运动处方所必需的资料，这样所制定的运动处方才能切实符合个人的身体条件。

第一，认真做好锻炼前的身体检查和预备性锻炼。通过身体检查和体力测定，把握身体状况和对运动负荷的承受能力，以保证锻炼的安全性。预备性锻炼是十分重要的，切不可心急求快而事倍功半。

第二，科学确定处方的运动负荷。一方面要注意运用运动生理学、运动医学的有关知识，确定适合且可行的锻炼方案；另一方面要对锻炼者的工作、生活和体力活动情况进行综合判断，保证运动负荷的科学合理性。

第三，要指出处方锻炼的某些特定要求，并督促锻炼者遵照执行。首先，要指出禁忌的运动项目和某些易发生危险的动作；其次，要指出处方锻炼中对负荷进行自我观察监督的指标和当指标异常时停止运动的标准；最后，要有关于生理卫生的常识指导。

第四，要督促锻炼者定期进行身体状况复查和体力测定。一般而言，每锻炼3～6个月后，就要进行一次健康检查和体力测定，来评价身体健康水平，同时还要评价锻炼的效果，提供反馈信息，为制定新的运动处方提供依据。

第五，以身体的基本素质为基础。制定运动处方时，体力的差别比性别和年龄的差别更重要。不要只根据性别、年龄来安排运动处方，还要根据身体素质情况来制定运动处方。

第六，环境因素。环境可以影响运动产生的生理反应，因此，当运动环境发生改变时，运动处方也应随之改变，以使参加者保持理想的安全水平。环境热应激是温度、相对湿度和辐射热作用的结果。此外，过多出汗和心血管呼吸系统功能差也会增加热应激。在热环境中应限制运动，运动中和运动后应适当补充水分。在寒冷天气中运动应防止冻伤，同时应注意头部和四肢的保暖，有症状者应在温和的天气运动。

三、运动处方制定过程中的修改

运动处方的制定，首先设一个"观察期"，使锻炼者习惯于运动，并能对实施运动处方所引起的身体反应等进行观察研究。然后设一个"调整期"，对运动处方的内容进行反复调整、修改，再逐步确定。在以后的一个时期，相对固定地实施。在相对固定的时期，对运动处方也要进行必要的调整。在实施过程中，可根据锻炼者的具体情况，对运动处方进行微调，使锻炼者找到最适合自己身体条件的运动处方，并不断提升锻炼效果。

第三节　科学锻炼原则与方法

一、科学锻炼的原则

"随着体育事业的长足发展,科学的锻炼方式逐渐深入人心"[1],科学锻炼的原则就是进行科学的体育锻炼必须遵循的规律,是科学健身过程中客观规律的反映,是体育锻炼和养生经验的概括和总结。在体育锻炼中,应当遵循以下六条原则:

(一) 目的性原则

目的性原则,是指运用宣传和其他手段,动员锻炼者在充分理解身体锻炼目的、意义的基础上,自愿、主动、积极地进行身体锻炼活动。

健身锻炼是一种自愿行为,明确目的和主动积极是参加并坚持身体锻炼的首要条件。健身锻炼是现代人的一种有目的、有意识的活动,自始至终都要受一定目的所支配。虽然与体育领域其他活动相比,健身锻炼不像竞技体育那样把优异成绩作为主导目标,不像体育教学那样有着较为恒久的教学目标,但是就人类总体而言,健身锻炼是为了人类自身的健康和身体潜能的开发。关于运动健身的目的性原则,其基本要求如下:

1. 提高国民整体体育意识,强化体育价值观念

推动人们的体育生活方式有赖于人们体育意识和价值观念的确立,而价值观念又依赖于两个重要的前提条件,即人们对身体重要性的认识和对体育作用的认识。

2. 发展兴趣,形成习惯

身体锻炼的积极性来自正确的目的和动机,同时,对体育运动本身的兴趣也是极其重要的。在指导人们锻炼身体时,一方面要使锻炼活动的安排丰

---

[1] 杜宸宇. 浅谈如何科学锻炼身体 [J]. 快乐阅读,2015 (12):120.

富多彩，把广大群众引导到体育锻炼中来；另一方面，要加强锻炼的目的性教育，着力培养人们对体育的间接兴趣，要把已有的体育兴趣强化到更高的程度。只有把身体锻炼纳入个人活动计划，使之成为生活的一部分，身体锻炼才能持之以恒。

3. 强化动机，明确目的

动机是促使行为发生的内在力量。人的一切行为总是从一定的动机出发，而动机的产生则是为了满足人们的各种需要，同时，使自己的一切行为向着目标前进。要强化身体锻炼的目的动机，首先，要认真分析引起锻炼者个体动机的各种需要，并因势利导。其次，要把明确目的与树立正确的人生观联系起来。只有树立积极进取、健康向上的人生观，人们才会找寻各种途径不断地充实自己，锻炼身体才会真正成为生活的内容之一。

（二）全面、均衡发展原则

全面、均衡发展原则就是在进行体育锻炼的过程中，运用多种练习方法和手段进行锻炼，以达到身体机能、身体素质和心理素质全面、均衡地发展。

人体是一个复杂的有机整体，各个器官系统是相互联系、相互制约的。在进行健身锻炼时，练习方法、手段、内容等的安排应考虑全面均衡地提高身体素质、身体机能，否则可能会造成身体的畸形发展，或者使身体各部位发展失去平衡，从而影响锻炼效果。如果锻炼者不注意对身体各部位各系统的全面发展和促进，就会造成身体发展的不均衡和不协调。例如，爱好踢足球的人如果不注意发展上肢力量，就会下肢粗壮而上肢单薄；从事长跑的人，如果不注意发展四肢力量，虽然心肺系统的功能得到提高，但是力量较差。贯彻全面性原则应注意以下三点：

1. 全面发展

身心的全面发展，要从适应环境、抵抗疾病的能力上改善机体形态，提高身体机能；要从陶冶性情、愉悦身心、丰富文化生活等方面着手。所以，在体育锻炼的内容和手段上要多样化。

2. 灵活变动

锻炼者要针对个体的实际情况，有选择地从事简单易行、富有实效的锻炼。在一定的年龄、一定的季节，应有适当的调整，选择项目要有所侧重，针对自身的薄弱部位进行锻炼，促进身体各个部位和各种素质的全面提高。

3. 有所侧重

全面发展身体不等于没有重点地平衡发展，而是要根据个人职业或工作的特点要求，首先锻炼和发展那些各自职业最需要的部位和素质以及在工作中活动最少的部位。例如，伏案久坐的脑力劳动者，应进行提高心肺系统功能和中枢神经系统调节能力的体育锻炼。

人体是一个有机统一体，各个器官和系统的机能都是相互联系和相互影响的。因此，锻炼者选择的练习内容和方法应力求全面影响身体，使身体素质和身体各器官系统的机能得到全面发展。练习内容和练习手段的选择不能过于单一，因为每种练习内容或练习手段对身体的影响都具有局限性，练习内容和练习手段应多样、丰富，避免长期只局限于锻炼身体某个部位、只发展某种身体素质的练习。在锻炼中可以以某一项为主，辅以其他锻炼内容。如健美爱好者应在进行肌肉力量练习的同时，增加一些有氧耐力和柔韧素质的练习，使身体得到全面锻炼。

（三）合理安排运动负荷原则

合理安排运动负荷原则就是在体育锻炼的过程中，合理安排运动量、强度、次数和时间等。一方面要保证运动负荷能对机体产生足够的刺激，另一方面也要保证锻炼的刺激强度在机体的承受范围之内。在运用合理安排运动负荷原则时需注意以下三点：

1. 安排适宜的运动量、强度、次数和时间

运动量、强度、次数和时间决定了运动负荷的大小。控制运动强度的简单操作方法是测量运动时的心率，有氧运动的心率一般应控制在（180－年龄）次/分左右。锻炼的时间要根据运动强度来确定，一般运动5分钟以上都属于有效时间，如果时间允许，可控制在半小时至一小时之间。

2. 安排合理的休息

在锻炼的过程中要注意练习与休息的交替进行,在锻炼结束后也要合理安排休息时间,以便得到有效的锻炼效果。与此同时,也要注意选择有效的休息方式。

3. 控制疲劳的程度

虽然运动后产生疲劳是必然的,但是为了迅速地取得锻炼效果而盲目地增加运动负荷、运动时间或运动频率,会产生过度疲劳,这对增进健康反而会有负面影响。一旦产生过度疲劳,必须马上停止锻炼,并进行积极的恢复治疗,过度疲劳恢复后方可继续参加锻炼。

(四) 循序渐进原则

循序渐进原则就是在锻炼中要依据制订的锻炼计划,持之以恒地进行锻炼,练习的内容、方法和手段既要简单又要多样,运动负荷的安排要由小到大。实施的依据及要求如下:

1. 机体对运动负荷的适应过程

运动负荷作用于人体时,不但会对机体产生一定的刺激,而且会导致机体发生非常剧烈的应激性变化。当这种刺激长期作用于机体时,机体会发生形态和机能的变化而逐渐适应这种刺激。因此,要达到预期的锻炼效果,必须养成长期、有规律的锻炼习惯。

2. 锻炼效果的不稳定性

在进行一定时间的体育锻炼后,机体会在形态与机能上产生良好的变化,这就是锻炼产生的效果。但是,这种效果并不是在取得后会一直保持下去的,在停止锻炼后它会逐渐地消退。

(五) 个体差异性原则

个体差异性原则是指必须根据锻炼者的年龄、性别、身体素质、锻炼基础等各方面的特点,设计出适合锻炼者特点的个体化锻炼方案。换言之,整个锻炼过程必须依据锻炼者的特点进行安排,使锻炼者的身体达到最佳的锻炼效果。

在体育锻炼中经常有这样一个误区:盲目照搬他人或媒体报道的成功锻

炼的案例，不加以分析和修改就实施，这种锻炼方式存在多种不确定性，有时还可能会对人体造成一定的伤害，从而降低锻炼热情。认真分析个体的情况，精心地制订出最适合个体发展的锻炼计划，才能使个体得到最佳的锻炼效果。实施的依据及要求如下：

1. 不同年龄段适应运动负荷能力的差异

不同年龄段的个体在运动负荷适应性方面是有差异的。例如，少年儿童与成年人在生理结构、身体形态、机能能力以及心理成熟度方面的差异，决定了他们对运动负荷承受能力的差异。少年儿童难以承受较大强度和较长时间的锻炼，他们产生疲劳快，但恢复也快。同等年龄层次的不同运动员个体，在运动负荷适应性方面也存在个体差异。因此，在练习中必须充分考虑个体特点及发展需求，有的放矢地安排练习内容。

2. 不同性别适应运动负荷能力的差异

男性与女性在身体形态、生理结构及身体机能方面，均有极大的差异，这就需要我们充分了解男性与女性的生理与心理特点，按照各自的性别特点安排锻炼。就女生而言，在锻炼安排上尤其要注意女性特有的生理现象——月经周期。在一般体育教学情况下，女生处于月经期时，应尽量注意不下水，不做腹压较大的跳跃性练习等。

3. 不同生理机能状态适应运动负荷能力的差异

同一个体处于不同机能状态时，如在体能下降、生病、睡眠不足、受伤和营养不良等情况下，对运动负荷的适应能力也会下降。因此，在练习时必须及时发现自己的机能变化情况，并采取适当的个体化处理方案。

（六）持之以恒原则

运动锻炼必须持之以恒。运动技术的形成和提高，人体各组织系统机能的改善，是肌肉活动反复多次强化的结果。锻炼不持续，间隔一段时间进行锻炼时，前期锻炼的痕迹已经消失，失去了累积性的影响作用，因此效果也就很小，甚至不起作用。同时，运动技能的形成，人体结构、机能的改善，身体素质的提高，都受生物界"用进废退"规律的制约。如果不经常锻炼，那么已取得的效果也会逐渐消退。

运动锻炼的直接作用是促进体内异化作用的加强,继而获得同化作用的加强,加快体内物质的合成,从而使机体内部的物质得到补充、积累与增加。这个变化过程的首要条件,在于保持体育锻炼的时间、强度、次数的连续性和衔接性,如果间隔过长,中断过久,那么已经获得的效果就会消退甚至消失。

锻炼身体要有连续性和系统性,只有经常参加体育锻炼,安排适合自己兴趣爱好的运动项目,科学制订健身计划,才能有效增强体质。科学实验结果表明,不经常参加体育锻炼或中断体育锻炼的人,原有的身体机能、素质和运动技术水平会明显下降。身体中断锻炼的时间越长,已经获得的效果就会消失得越明显。

掌握一项运动技术也需要持之以恒。人的大脑中有大量的神经突触,只有通过固定形式的重复练习对这些突触连续进行某种刺激,才能在大脑中形成一整套固定形式的反应,即动力定型。动力定型建立后,运动者就能习惯性地、熟练地完成一整套练习。如果不能坚持练习,那么已形成的条件反射就不能及时得到强化而慢慢消退,动作记忆就不牢固。贯彻持之以恒原则,应注意以下两点:

1. 合理安排锻炼间隔

运动锻炼的效果并非一劳永逸,如果锻炼间隔过长,锻炼的效果就不明显。因此,每次锻炼的间隔要合理,要有长期计划、短期安排,计划安排要根据身体适应运动负荷的能力。一般情况下,强度小的运动安排的间隔短;强度大的运动安排的次数可少些,间隔稍长。

2. 锻炼要持之以恒

人体机能水平的提高,运动技能的形成与巩固,身体各项素质的发展,都是通过身体各部位的肌肉进行反复多次的强化练习而实现的。换言之,每一次体育锻炼都会引起肌肉和内脏器官一定的适应性变化,从而在大脑皮层留下一个痕迹。这个痕迹一般 2~3 天就会消失。如果断断续续进行体育锻炼,所产生的作用就很难积累起来,对增强体质、增进健康的作用不大,也不可能取得明显的锻炼效果。因此,只有坚持经常性体育锻炼,人体的结构和机能、身体素质和运动技能才能日趋完善，基本活动能力和运动技术水平才能不断提高。

综上所述，在体育锻炼中我们应充分认识到，每个人都是一个独特的个体，没有一个万能的锻炼计划能够适用于所有人。因此，安排锻炼计划时，必须尊重个体的爱好、特长、需要及发展目标，这样才能取得最佳锻炼效果。此外还应注意，即便是在个体的基础上制订锻炼计划，之后也并非一劳永逸，锻炼计划还需根据个体情况的变化随时进行调整。

二、科学锻炼的方法

在体育锻炼中，可以采取以下方法：

（一）连续锻炼法

连续锻炼法是在规定的时间内，无间歇地连续进行练习的方法。运用连续锻炼法时，锻炼条件如运动负荷、动作组合和锻炼环境等，可以改变也可以不改变，因而周期性与非周期性项目均可使用。连续锻炼法主要用于提高身体素质、增进人体内脏器官机能和提高动作技能水平，应根据不同的目的，有效地加以运用。如为提高身体素质和改善内脏器官机能，运用此法时要注意运动负荷的适宜性；为提高动作技能水平，运用此法时则应严格按照动作技术原理的规定进行。

（二）间歇锻炼法

间歇锻炼法是在练习中严格规定间歇时间的锻炼方法。运用间歇锻炼法，除间歇时间较固定外，其他条件可变也可不变。但是，间歇时间必须严格控制，在机体未完全消除疲劳的情况下开始新的一次练习。间歇锻炼法主要用于发展体能、培养意志品质和提高承受运动负荷能力等方面。在机体处于某种疲劳状态时又开始新的一次练习，容易出现疲劳积累，使运动负荷刺激效果产生累积。对运动员采用此法进行锻炼时，要循序渐进，有适应过程，开始时运动负荷要小些，间歇时间长些。经过一段适应期，可适当加大运动负荷或缩短间歇时间。

（三）互助锻炼法

互助锻炼法是运用互相帮助的方式进行锻炼的方法。运用互助锻炼法可以加强安全感，减少恐惧感；也可以通过施加助力或阻力，加强完成正确动作时机体的本体感觉；还可以培养合作、关心的意识与情感，有助于发挥运动员的主体作用，提高锻炼水平。

（四）游戏锻炼法

游戏锻炼法是以游戏方式进行锻炼的方法。运用游戏锻炼法不但可以活跃运动员的身体与精神，调节情绪，培养机智、灵活、勇敢、顽强、团结、协作和诚实等优良品质，而且可以提高身体素质和运动能力，增强体质，发展智力。

（五）比赛锻炼法

比赛锻炼法是运用比赛的方式进行锻炼的方法。因为比赛锻炼法是在竞争条件下进行的，所以参赛的队员身心都很紧张，兴奋性也高，情绪也比平时激动，而且参赛队员还能竭尽全力参加比赛，表现出自己的最高水准，巩固并提高锻炼的成果。比赛锻炼法有很多种，既可以是动作技能的比赛，也可以是身体素质的比赛，还可以是整体实战能力的比赛，所以要依据某种目的安排相应的比赛。

（六）反馈锻炼法

反馈锻炼法亦称"知道结果"锻炼法，是运用获得的反馈信息指导或调整锻炼的方法。体育锻炼可通过信息的传递随时控制、指导与调整锻炼的过程，使锻炼向着既定的目标发展。如果没有反馈，就没有有效的锻炼过程，也就没有高质量的锻炼结果。反馈的目的有的是改进提高动作技能水平，有的是强化行为，有的是强化动机等；反馈的种类有外反馈与内反馈，有同时反馈与终末反馈等；反馈的方式不仅有语言的、身体动作的，还有表情的。根据需要运用适当的反馈，是完成锻炼任务必需的手段。

（七）负重锻炼法

负重锻炼法是指在身体负重的情况下进行锻炼的方法。运用负重法进行锻炼，不但加大了动作的难度，而且也加大了运动负荷的刺激强度。负重锻炼法主要用于提高身体素质和体能，培养顽强的意志品质等，在身体锻炼中应用较多。运用此法时，应根据锻炼任务和参加锻炼人员的年龄、性别等具体情况，明确负重锻炼的目的，贯彻渐进性、适度性和全面性等原则，注意及时放松肌肉，防止局部负担过重，影响机体的正常生长发育。

（八）综合锻炼法

综合锻炼法是将两种以上的锻炼方法综合到一起进行锻炼的方法。

思考与练习

1. 如何对运动处方进行分类？
2. 运动处方制定的要求有哪些？
3. 简述科学锻炼的方法。

第四章　体育运动项目与技术训练

第一节　田径运动及其技术训练

田径运动包括走、跑、跳、投等基本活动方式，因此易于开展和学习，它是目前世界上最为普及并易于开展和推广的体育运动项目之一。"田径运动的特点在于具有较强的对抗性和竞技性，对运动员的身体素质和技术水平要求较高"[1]，因此，各项体育运动都把田径运动作为提升身体素质的训练手段。许多优秀运动员，特别是球类运动员，都有较高的田径运动能力和素质水平。

田径运动的项目种类较多，锻炼形式多样，场地、设备和器材比较简单，练习时不易受到性别、人数、时间和季节等条件的限制，便于广泛开展。

田径运动包括竞走、跑、跳跃、投掷以及由跑、跳跃、投掷的部分项目组成的全能运动等。其中以时间计量成绩的项目为径赛；以高度或远度计量成绩的项目为田赛；由跑、跳跃、投掷部分项目组成的，用评分方法计算成绩的组合项目称为全能运动。

田径在体育运动中占有重要的地位。在竞技体育中，它以独特的魅力在

---

[1] 续姜. 田径运动训练中的常见损伤及预防研究［J］. 鄂州大学学报，2023，30（4）：88.

世界体坛独树一帜；在体育教育中，它是造就德、智、体、美、劳全面发展的优秀人才的重要手段；在全民健身的大众体育中，它是锻炼身体、增强体质、延年益寿最为普遍的方式之一。

一、跑类项目及其技术训练

（一）短跑

400米和400米以下的竞赛项目称为短跑。短跑是人的快速运动能力的主要标志，是人体在大量缺氧状况下持续高速的极限强度运动。短跑可分为起跑、起跑后加速跑、途中跑、弯道跑和终点跑五个部分。短跑成绩是由起跑反应速度、起跑后的加速能力、保持最高跑速的时间和距离、弯道跑（200米、400米）的协调能力、终点冲刺能力以及各部分的技术动作完成质量决定的。

1. 起跑

起跑是由静止到起动的过程。任务是获得向前冲力，迅速摆脱静止状态，为起跑后加速跑创造条件。短距离跑竞赛要求采用蹲踞式起跑，起跑前要安装起跑器，起跑器的作用是使两脚有牢固的支撑，并形成良好的预备姿势，以获得较快的起跑速度。短距离跑的起跑技术包括"各就各位""预备""鸣枪"三个阶段。

"各就各位"时，运动员应走到起跑器前，两手撑地，两脚依次踏在前、后起跑器的抵足板上，后膝跪地，两手收回紧靠起跑线后沿撑地，两臂伸直，两手间距离比肩稍宽，手指成拱形做弹性支撑，头与躯干保持在一条直线上，身体重量均衡地落在两手、前脚和后膝关节之间。

"预备"时，逐渐抬起臀部，使身体重心向前上方移动，此时身体重量主要落在两臂和前腿之间，臀部稍高于肩，两肩稍超出起跑线。

"鸣枪"时，两臂屈肘有力地前后摆动，两腿迅速蹬离起跑器，使身体向前上方运动，后腿快速蹬离起跑器后，迅速屈膝向前上方摆出，前摆时脚掌不应离地过高，以利摆动腿迅速着地和过渡到下一步。前腿有力地蹬伸，当前腿充分伸展，髋、膝、踝三关节蹬离起跑器时，后腿已完成前摆且积极下压着地完成第一步动作。

2. 起跑后加速跑

起跑后加速跑是从后腿蹬离起跑器，到途中跑开始的一个跑段。任务是充分利用向前的冲力，尽快达到最高速度。起跑后加速跑的技术要求是前倾角适宜，蹬摆迅速有力。

加速跑的距离一般为 30 米左右，起跑出发的第一步不宜过大，一般为 3.5~4 脚长，第二步为 4~4.5 脚长，以后逐渐增大。在跑进时，两臂应积极摆动，两腿依次用力蹬地，上下肢协调配合，以迅速获得加速度。在加速跑的开始阶段，上体前倾很大，随着步长和速度的不断增加，上体逐渐抬起，重心逐渐提高，直到进入正常姿势即转入途中跑。

加速跑最初几步，因为运动员的身体是由静止开始起动，跑速较慢，所以两脚是沿两条相距不宽的直线着地，随着速度的加快，两脚着地点也逐渐趋于一条直线。

3. 途中跑

途中跑是全程跑速度最快的一段，任务是继续发挥最高速度。途中跑的技术要求是后蹬、折叠、前摆、扒地，动作轻松、协调、有弹性、节奏快，屈蹬效果好。跑步中的一个周期由两个单步构成，有两个支撑时期和两个腾空时期。支撑时期又可分为着地、垂直支撑和后蹬三个阶段。腾空时期是指后蹬腿的脚离地，即进入无支撑阶段的时期。

（1）着地。腾空后期，摆动腿的大腿积极下压带动小腿前伸，膝关节几乎伸直下扒，前脚掌富有弹性地着地。着地瞬间，为了减缓前制动，应随惯性迅速推动踝、膝、髋关节的屈曲前移，过渡到垂直支撑阶段。同时，摆动腿的小腿应顺惯性向支撑腿大腿靠拢，摆动腿的膝关节折叠角逐渐减小。

（2）垂直支撑。随着身体重心的前移，髋、膝、踝关节的屈曲，身体重心移至支点垂直上方，即进入垂直支撑瞬间。摆动腿的大、小腿折叠角处于最小状态，一般为 28°左右。脚跟几乎触及臀部。

（3）后蹬。当身体重心移过支点垂直上方，即进入后蹬阶段。此时，支撑腿在摆动腿的拉动下，快速有力地伸展髋、膝、踝关节，摆动腿同侧骨盆送髋，迅速有力地屈膝向前上方摆出，使身体重心向前运动。

（4）腾空。支撑腿蹬离地面便进入腾空阶段，此时，刚结束后蹬动作的支撑腿的小腿因蹬地后惯性作用和大腿的摆动，迅速向大腿靠拢，形成大、小腿边前摆边折叠的动作。同时，摆动腿大腿积极下压，膝关节放松，小腿随大腿下压的惯性向前下方摆出，做积极的下落扒地动作。当摆动腿膝关节几乎伸直下落着地时，腾空阶段结束。

途中跑时，上体应稍前倾（前倾角8°～12°），头部应正直并与上体保持一致，颈部放松。摆臂时，应以肩为轴，手指成半握拳或自然伸掌，轻快而有力地做前后摆动，前摆时手的高度稍超过下颌，后摆时肘关节稍向外，摆至大臂约与肩平，前后摆动幅度为115°～125°。整体技术动作要做到轻松自然。

4. 弯道跑

（1）弯道起跑。弯道起跑的任务是迅速摆脱静止状态，为起跑后加速跑创造条件。其技术要求是蹬腿摆臂有力，起动迅速。起跑时，右手撑在起跑线后，左手撑在起跑线后5～10厘米处，身体正对弯道切线方向。

（2）弯道起跑后加速跑。弯道起跑后加速跑的技术要求是前倾角适宜，蹬摆有力。要渐增步幅，渐抬重心，渐成直线。在弯道起跑后加速跑阶段，上体要早些抬起，便于跑入弯道时和在继续跑进中，身体保持平衡。

（3）弯道途中跑。弯道途中跑的技术要求是保持途中跑动作技术，特点是身体技术动作幅度右侧大于左侧。从直道跑入弯道时，身体应有意识地逐渐向内倾斜，加大右腿的蹬地力量和摆动幅度。后蹬时，右脚前脚掌内侧用力，左脚前脚掌外侧用力。前摆时，右膝稍向内，左膝稍向外，右膝摆动幅度比左膝大。右臂摆动幅度大于左臂，前摆时稍向左前方，后摆时右肘关节偏外，左臂稍离躯干做前后摆动。弯道跑时的蹬地与摆动方向都应与身体向心方向倾斜趋于一致。从弯道跑进直道，应在弯道的最后几米处，身体逐渐减小内倾角度，并顺其自然跑2～3步后转为直道途中跑。

5. 终点跑

终点跑（最后 15~20 米的距离）的任务是尽可能保持途中跑的最高速度冲过终点。终点跑应力求在疲劳情况下保持途中跑的正确技术，动员全部力量以最快的速度跑过终点。技术上要求上体适当前倾，并注意加强后蹬和两臂的摆动力度。到离终点最后一步时，上体迅速前倾，用身体有效部位撞终点线。跑过终点后应逐渐减速，不要突停，以免跌倒受伤。

（二）中长跑

800 米以上（包括 800 米）的竞赛项目常称为中长跑。中长跑是耐力性运动项目，它要求运动员在跑时既能保持一定速度，又能跑得持久。因此，对中长跑技术总的要求是：动作轻松自然，身体重心移动平稳，节奏性强，肌肉用力和放松交替能力好，既有实效性，又能节省能量消耗。

1. 起跑与起跑后的加速跑

起跑和起跑后的加速跑是指在中长跑比赛或测验时，运动员使身体摆脱静止状态迅速出发，并根据战术需要尽快发挥正常跑速和占据有利位置的过程。

中长跑比赛或测验时，采用站立式起跑。起跑前，先做 1~2 次深呼吸，然后站在起跑线后 3 米集合线处听候起跑口令。当"各就各位"口令下达后，慢跑或走向起跑线，两脚前后开立，将有力腿的脚放在起跑线的后沿，另一只脚放在距离前脚跟约一脚长的地方，两脚左右间隔约半脚长。两腿弯曲，上体前倾，重心落在前脚上，后脚用前脚掌着地。两臂在体前自然下垂或前腿异侧臂在前，同侧臂在后。身体保持稳定，集中注意力听枪声，听到枪声后，后腿立即蹬地并迅速前摆，前腿也迅速用力充分蹬伸。两臂配合两腿动作做快速而有力的前后摆动，使身体迅速向前冲出，进入加速跑阶段。

加速跑时，上体前倾较大，两腿交替跑进速度较快，摆臂、摆腿和后蹬都应迅速而积极。应尽量按跑道内突沿的切线方向并朝有利跑进位置跑。

2. 途中跑

途中跑是中长跑的主要阶段，它是运动员比赛时发挥训练水平的过程。因此，掌握途中跑技术是极其重要的。

后蹬阶段是途中跑技术的主要环节。后蹬动作应该迅速而积极，依次伸展髋、膝、踝三个关节，后蹬角度一般为55°左右。

当支撑腿后蹬的同时，摆动腿前摆。前摆时，小腿应自然放松，依靠大腿的前摆动作，膝关节领先并带动髋部向前上方摆出。

支撑腿离地后，人体即进入腾空阶段。因此，蹬离地面的支撑腿应该放松，依靠后蹬反作用力的惯性和大腿的向前动作，使小腿折向大腿，形成膝关节弯曲，大、小腿折叠动作。但这种折叠动作比短跑要小一些。

当摆动腿前摆结束时，大腿开始向下运动，膝关节随之自然伸直，用前脚掌在离身体重心投影点的前方约一脚到一脚半处着地。前脚掌着地后，膝关节稍稍弯曲，进入垂直支撑时，再过渡到全脚掌着地，这种顺势的缓冲动作可以减小脚着地时对身体前进产生的阻力并使身体尽快转入后蹬。着地时，脚尖应向前，两脚足迹内缘要在一条线上。中长跑比长跑的下落着地动作应积极一些。

中长跑时，上体接近垂直或稍前倾，头部正直，胸部正对前方并微向前挺，整个躯干姿势自然而不僵硬。摆臂时，肩部要放松，两臂弯曲，肘关节约成90°，两手半握拳，前后自然摆动。前摆时稍向内，后摆时稍向外。

中长跑时，有一半以上的距离是在弯道上跑进。根据向心力的特点，在跑的技术上也应与短跑一样有相应的变化。但由于跑速较短跑慢，因此变化的程度也较短跑小。

中长跑时，由于机体能量消耗大，因此对氧气的需要量增加。为了保证机体对氧气的需求，呼吸必须有一定的频率和深度，还必须与跑的步伐相配合。一般是跑2～3步一呼气，跑2～3步一吸气。随着跑速的加快和疲劳的出现，呼吸的频率也会增加，可采用跑1步一呼气，跑1步一吸气的方法。呼吸一般用鼻子与半张开的嘴同时进行。冬季练长跑或顶风跑时，为了避免冷空气和强气流直接刺激咽喉，应将舌尖上翘，微微舔住上腭。

中长跑时，内脏器官由于工作条件的改变，氧气供应落后于肌肉活动的需要，所以跑一段时间后，就会出现胸闷、四肢无力、呼吸困难、跑速降低等现象，产生难以继续跑下去的感觉，这种现象称为"极点"。这是一种正常的生理现象。当"极点"出现时，一定要以顽强的毅力坚持跑下去，要加大呼吸深度，适当调整跑速，"极点"现象就会缓解，身体机能就会得到明显好转，这就是所谓的生理上的"第二次呼吸"。

3. 终点跑

终点跑是指临近终点时的冲刺跑。运动员要以顽强的意志，加快摆臂，加强腿部的蹬摆，奋力跑到终点。终点冲刺跑的距离应根据项目、训练水平、战术要求、个人特点和临场情况而定。通常 800 米可在最后约 300 米，1500 米在最后约 400 米，3000 米以上在最后 400 米或更长一些距离进行冲刺跑。不论终点跑距离长短，在冲刺跑之前，都必须抢占有利位置，并注意观察对手情况，动员身体全部力量冲过终点。

二、跳跃项目及其技术训练

（一）跳远

跳远技术由助跑、起跳、腾空和落地四个不同的技术环节组成，各个环节紧密相连、相互联系、相互作用，共同构成一个完整的跳远动作。其特点在于技术动作数量少、结构简单，具有高速度、高强度的运动性能。

1. 助跑

助跑是跳远技术的重要组成部分，它的主要任务是通过助跑获得可控制的最大水平速度，准确地踏上起跳板，为快速有力的起跳做好准备。所以，助跑力求做到快、准、稳、直。

（1）快：包括"三快"，即"助跑快""上板快""起跳快"，特别是助跑的最后 4 步，跑的节奏越快越好。

（2）准：就是要准确地踏上起跳板。

（3）稳：就是助跑的起跑姿势、跑的技术、跑的距离和加速方法要稳定，不能随意变化。

（4）直：就是要保持直线跑进，体现出经济性和实效性。

2. 起跳

起跳是充分利用助跑所获得的速度，在较短时间内创造尽可能大的腾起速度和适宜的腾起角度的技术环节。起跳技术分为起跳脚着地、缓冲和蹬伸三个动作阶段。

（1）起跳脚着地。起跳脚着地时，起跳腿几乎伸直，与助跑道成60°～70°的夹角，用脚跟先触地并迅速滚动到全脚掌着地。上体略微前倾，躯干角度为90°～110°，眼睛注视前上方，在起跳脚着地前，摆动腿已经开始折叠并迅速前摆跟上起跳腿。在起跳脚着地瞬间，两臂摆动到靠近躯干两侧。

（2）缓冲。在起跳脚着地的瞬间，由于助跑速度的惯性和身体重力的作用，对起跳腿产生了很大的冲击力，迫使起跳腿的髋、膝、踝三个关节很快地弯曲缓冲。膝关节角一般成140°～150°。两臂配合腿的动作继续摆动，起跳腿同侧臂自体后向前摆动，另侧臂自体前向后摆动。上体保持较直的姿势，使身体重心处于相对较高的位置。

（3）蹬伸。当身体重心及时而准确地移压到起跳腿上时，起跳腿就快速用力蹬地，充分蹬直髋、膝、踝三个关节，同时摆动腿以髋发力带动大、小腿成折叠状，以膝领先，快速而协调地向前上方摆动，摆至大腿成水平。两臂协调一致地配合腿的动作向前上方摆动，摆至上臂与肩平时，要有意识地做"突停"。蹬伸动作结束时，起跳腿髋、膝、踝三个关节充分蹬伸，蹬地角约75°，摆动腿大腿接近抬平，小腿自然下垂，上体和头部保持正直，两臂摆出体侧上方。

3. 腾空

跳远起跳离地后，人体向空中腾起，并在空中完成各种动作的过程为腾空阶段。跳远腾空阶段的任务是维持身体平衡，最大限度地利用身体重心的抛物线轨迹,将两腿充分向前伸出,为合理、完善的落地动作创造有利的条件。按空中不同的运动姿势,腾空可分为蹲踞式跳远、挺身式跳远和走步式跳远。

(1) 蹲踞式跳远。蹲踞式跳远时,"腾空步"的时间相对较长(约占整个腾空时间的 2/3)。其摆动腿大腿抬得较高,膝关节的屈度较大,两大腿之间的夹角也较大。"腾空步"后,起跳腿向前摆动与摆动腿靠拢,然后两腿一起上举,膝部接近胸部成蹲踞姿势。蹲踞式的摆臂技术比较简单,"腾空"后两臂上举,以加大上肢与身体重心之间的距离,加长旋转半径,从而减小身体前旋的角速度,然后两臂下落。落地前上抬大腿,前伸小腿,当脚跟一触及沙面即屈膝缓冲向前跪,两臂经体侧摆到体后。

蹲踞式跳远的动作简单易学,适合初学者。由于在空中做蹲踞姿势时下肢靠近身体重心,容易使身体前旋,这样会影响落地的远度。因此,要注意保持上体与头部的正直姿势,以抑制身体前旋,维持身体平衡。

(2) 挺身式跳远。挺身式跳远起跳后,保持"腾空步"的时间较蹲踞式稍短。"腾空步"后,下放摆动腿,伸髋,向前送髋,摆动腿与身后的起跳腿靠拢。两臂在"腾空步"开始时一前一后摆动,当摆动腿放下时,两臂也同时下落,然后摆动腿继续向后运动,两臂外展,肩和头也同时做稍向后运动,并挺胸送髋使躯干微成反弓形。继而收腹举腿,两臂上举,准备做落地动作。落地动作前两膝向胸部靠拢,小腿和两臂前伸,增加落点的远度。接着两臂引向体后,以便两脚着地后两臂迅速前摆,协助身体重心移过落点。

(3) 走步式跳远。起跳后,摆动腿下落向后方摆动,起跳腿屈膝以大腿带动小腿前摆,形成空中"换步",两臂积极配合腿做大幅度绕环摆动,同时摆动腿屈膝以大腿带动小腿前摆与起跳腿靠拢,然后收腹举腿,两臂由上方向前下方摆动,小腿前伸,准备落地。

4. 落地

良好的腾空技术是合理落地的基础。落地前,上体不要过于前倾,以免引起身体前旋，大腿要向前提举，膝关节主动向胸部靠拢，小腿前伸，尽可能加大着地点和身体重心投影点之间的距离。即将落地时，膝关节伸直，脚尖勾起，同时两臂后摆。脚跟接触沙面后，紧接着前脚掌下压，两腿迅速屈膝，骨盆前移，两臂积极前摆，使身体重心迅速移过落点，避免后倒坐于沙坑中。

（二）跳高

跳高运动由助跑、起跳、过杆和落地四部分组成。跳高按过杆姿势可分为跨越式、俯卧式、背越式等。在这些不同姿势的跳高技术中，背越式跳高是最先进的技术。而跨越式跳高是以最接近自然动作完成的垂直高跳的跳高技术。因此，在学校的一般跳高项目教学中，跨越式跳高是最常用的练习项目。跨越式跳高是经过助跑、起跳后，以摆动腿一侧先过杆，以骑跨姿势越过横杆的一种跳高技术。这种姿势简单、易学，具有较强的实用锻炼价值。

1. 助跑

跨越式跳高助跑从摆动腿一侧开始，助跑的角度与横杆成25°～45°，用外侧腿起跳，起跳点与横杆投影线的距离为30～70厘米。助跑步数一般为6～8步，助跑可以是直线，也可以是略微弯曲的弧线。跨越式跳高助跑的距离可以用走步的步数来测定，也可以用反向跑的方法来确定。一般走步的步数是助跑步数的2倍减去2。确定步点后应反复练习和调整，以确定最后的助跑距离和助跑起动点。

2. 起跳

跨越式跳高的起跳点根据运动员年龄和水平的不同，离横杆的距离也不同。起跳点的位置一般位于助跑侧跳高架横杆的1/3处，距横杆投影线30～70厘米。起跳从助跑最后一步起跳脚着地瞬间开始，到起跳脚离开地面的瞬间结束。起跳分为放脚、缓冲和蹬伸三个紧密相连的过程。

3. 过杆和落地

跨越式跳高起跳腾起后，随着摆动腿的上摆，上体开始前倾。摆动腿过杆时，躯干与摆动腿大腿的夹角最小。在此过程中，两臂小幅下摆于体侧。

摆动腿过杆后,要积极内旋下压,躯干向起跳腿方向扭转。同时,起跳腿积极上提,形成杆上的骑跨姿势。此时,躯干继续向横杆方向扭转,摆动腿也继续内旋下压,起跳腿随之迅速向上高抬跨过横杆。过杆后,上体抬起,侧对横杆,两臂上举下落,用摆动腿先着地,并及时屈膝缓冲过渡到双脚着地。

三、投掷项目及其技术训练

投掷是人体运用自身的能力通过一定的运动形式,将手持的规定器械掷得尽可能远的体育运动项目。投掷项目主要包含推铅球、掷铁饼、掷标枪、掷链球等,以下主要探讨推铅球技术。

推铅球是在2.135米直径的投掷圈内,单手将铅球握好,持于肩轴线前,抵住颈部或下颌,站位靠近投掷圈后部内沿处,经过助跑,采用自下而上的用力顺序,动员全身最大的力量,以匀加速的形式,沿合理的出手角度将球从肩上推出,使铅球落在34.92°的扇形投掷区内,以远度决定成绩的田赛投掷项目。

推铅球技术可以分为滑步推铅球技术和旋转推铅球技术两大类。滑步推铅球技术又可以分为侧向滑步推铅球技术和背向滑步推铅球技术,这里主要介绍背向滑步推铅球技术。一个完整的背向滑步推铅球技术可分为七个部分,即握持铅球、滑步前的预备姿势、预摆与准备滑步、滑步、过渡阶段、最后用力和铅球出手后维持身体平衡。下面以右手推铅球为例来介绍背向滑步推铅球技术。

(一)握球方法

握球的方法是五指自然分开,把铅球放在靠近食指、中指和无名指的指根处,拇指扶在球体侧面,掌心空出,手腕背屈。手指和手腕力量较强者,可将铅球适当地移向手指的第二指节处。手指和手腕力量较弱者,可将铅球放在更靠近指根处。

(二)持球方法

握好铅球后,将铅球持于肩轴线前,抵住或靠近颈部或下颌,头部略向右转，拇指处于肩的上方、球体的下方，其余四指大体上处在球体的侧面，掌心向内，右臂屈肘，肘部略低于肩或与肩平，躯干保持正直，左臂前上举。

（三）滑步前的预备姿势

1. 高姿势

背对投掷方向，两脚前后站立，右脚以全脚掌着地，靠近投掷圈后沿。左脚位于右脚后 20～30 厘米处，以前脚掌或脚尖着地，脚跟提起。右腿伸直，重心放在右腿上，左腿自然屈膝，髋部稍向上提。右手持球于肩上，肘略外展。躯干正直放松，左臂前上举。目视投掷相反方向前下方 3～5 米处。

2. 低姿势

背对投掷方向，两脚前后站立，右脚以全脚掌着地站于投掷圈靠近后沿处。左脚位于右脚后 50～60 厘米处，以前脚掌着地。两腿弯曲，重心落在右腿上。上体前倾与地面平行，低头含胸，两眼目视前下方 2～3 米处，右手持球于肩上，肘外展，左臂自然下垂。铅球的投影点在右脚的右侧前方。

（四）预摆与准备滑步

1. 高姿势

做好预备姿势后，上体前屈，使躯干接近水平位置。左腿向后上方摆动，右腿伸直，使重心均匀地分布在整个右脚掌上。完成预摆动作并维持好身体平衡后，紧接着低头、含胸收腹，右腿屈膝下蹲，左腿屈膝回收至靠近右膝处，形成团身动作。随着屈膝团身动作的完成，开始向投掷方向平移臀部，完成准备滑步动作。

2. 低姿势

做好预备姿势后，弯曲的左大腿平稳地向后上方摆动，同时上体保持前倾姿势，左臂前伸，头与背部基本呈直线。左腿摆动到一定高度并保持身体平稳。右腿弯曲，重心均匀地分布在整个右脚掌上。完成预摆动作并维持好身体平衡后，迅速回收左腿并靠近右腿。与此同时，右腿逐渐屈膝形成弓背团身姿势,并向投掷方向平移臀部,完成准备滑步姿势。后续动作同高姿势推铅球。

(五)滑步动作

完成准备滑步动作后,当身体重心向投掷方向平移且超过右腿支撑点时,左大腿带动小腿以脚跟为力点向抵趾板方位积极摆插;右腿积极向投掷方向用力蹬伸,当右腿蹬直、右脚跟(右脚掌)即将离地时,两大腿的夹角约为125°,躯干与右大腿夹角约为80°。身体在左右腿的摆蹬用力下形成一个低腾空形态,躯干保持前倾姿势,左臂伸向投掷反方向后下方,目视投掷反方向的后下方。在低腾空的下落阶段,右腿积极内收、提拉,超过投掷圈圆心10~30厘米,以右脚前脚掌内侧着地,右脚尖与投掷方向夹角成135°左右,右腿弯曲,右膝关节夹角在135°左右。

(六)过渡阶段动作

从右脚着地至左脚着地为过渡阶段。右脚着地后,立即向投掷方向前下方用力转动右髋、右腿、右脚。左腿在插向抵趾板时,以前脚掌为力点伸踝外翻,带动大腿小腿外展,以左脚掌内侧为力点着地。左脚外展与投掷方向夹角约30°,左脚的脚尖与右脚的脚跟在一条直线上,左膝角约160°。身体重心落在弯曲的右腿上。躯干保持前倾姿势与地面夹角约45°,左臂伸向投掷反方向后下方,目视投掷反方向的后下方。从整个动作的外形看,由左脚、左腿、左髋、左侧躯干至左肩形成一个圆滑的弧形,使身体处于背部拉紧、腰髋部拧紧和右腿压紧的"三紧"状态。

(七)最后用力动作

完成过渡动作后,左脚着地即开始最后用力动作。左臂屈肘积极快速向左前上方做弧形运动,在左臂的积极引领下,躯干开始逐渐抬起,同时右髋向投掷水平方向前下方快速转动用力,在髋的作用下右腿积极转蹬用力,保持弯曲程度向前运动。由右脚掌内侧开始转动并向前滑动,躯干稍抬起。此时,从左脚着力点到左膝、左髋、左侧躯干、左肩,形成与之对抗的左侧支撑轴。

左臂继续向投掷方向做弧形运动至身体左侧停下并固定左肩和左侧支

撑轴。左臂大小臂夹角约为90°，左手掌心朝向投掷方向。在左侧支撑轴的对抗用力下，右髋向投掷水平方向前下方继续转动用力，带动右腿继续向投掷方向转动蹬伸，脚跟转向投掷的反方向。右脚向投掷方向移动约两脚间距离的1/3。由于右髋、右腿的运动，推动右侧躯干抬起，向投掷方向转动。抬头挺胸，眼睛看着前上方。右臂屈肘外展朝向投掷反方向并略低于肩，将铅球用力顶在颈部。形成出手前最后用力的良好的超越器械的姿势。

在形成良好的超越器械姿势的前提下，继续积极蹬伸右腿，使身体重心由低向高、由右向左移动，左侧支撑轴中的左腿用力撑蹬，右肩在胸的带领下向投掷方向积极运动，躯干转成正对投掷方向。头部转向左侧，右肩高于左肩，以大臂带动小臂呈匀加速的形式将铅球沿着38°～42°的出手角度推出。在投掷臂伸直的同时手腕稍内旋，使铅球从指根向指尖滚动，当铅球离手瞬间，在指屈的作用下最后以右手中指指尖为力点作用在铅球的几何重心上，用力将铅球推送出去。铅球离手后，右手五指并拢，指尖和掌心朝外，完成最后的用力动作。

（八）出手后维持身体平衡动作

为了缓冲铅球出手时产生的向前的惯性作用和冲力，避免犯规，获得有效的运动成绩，应迅速弯曲双腿，降低身体重心，左右腿及时换步，维持身体平衡。在铅球落地和人体稳定后，从投掷圈的后半部走出。

第二节 球类运动及其技术训练

一、乒乓球运动及其技术训练

乒乓球运动起源于英国，其所用器材简单，易于开展，运动量可大可小，参加者不受年龄、性别等因素的限制。乒乓球在我国有良好的群众基础，深受青年学生的欢迎。乒乓球比赛通常设有男女单打、男女双打、男女团体和男女混双等比赛项目。乒乓球运动的技术训练包括以下几方面：

（一）发球技术

发球动作由两部分组成：一只手的上抛动作，上抛高度大于等于 16 厘米，上抛动作要在球台端线外、高于台面且需垂直上抛；另一只手的挥拍动作，若按照新规则，要高于台面，且要使两侧居中的裁判和对方运动员的视线能看清动作。

1. 平击发球

（1）平击发球的特点：平击发球是一种一般上旋、一般速度的发球。它不仅是初学者最基本的发球方法，也是掌握其他复杂发球技术的基础。

（2）平击发球的要点：当球从高点下降至稍高于球网时，击球中上部向左前方发力，击球后第一落点在球台中央。

2. 正手发奔球

（1）正手发奔球的特点：球速急、落点长、冲力大，发至对方右大角或中左位置，对对方威胁较大。

（2）正手发奔球的要点：①抛球不宜太高；②提高击球瞬间的挥拍速度；③第一落点要靠近本方台面的端线；④击球点与网同高或稍低于网。

3. 反手发急球与发急下旋球

（1）反手发急球与发急下旋球的特点：球速快、弧线低、前冲大，迫使对方后退接球，有利于抢攻，常与发急下旋球配合使用。

（2）反手发急球与发急下旋球的要点：①击球点应在身体的左前侧与网同高或比网稍低；②注意手腕的抖动发力；③第一落点在本方台区的端线附近。

4. 发短球

（1）发短球的特点：击球动作小，出手快，球落到对方台面后的第二跳下不出台，使对方不易发力抢拉、冲或抢攻。

（2）发短球的要点：①抛球不宜太高；②击球时，手腕的力量大于前臂的力量；③发球的第一落点在球台中区，不要离网太近；④发球动作尽可能与发长球相似，使对方不易判断。

5．正手发转与不转球

（1）正手发转与不转球的特点：球速较慢，前冲力小，主要用相似的发球动作，制造旋转变化去迷惑对方，造成对方接发球失误或为自己抢攻创造机会。

（2）正手发转与不转球的要点：①抛球不宜太高；②发转球时，拍面稍后仰，切球的中下部，越是加转球，越应注意手臂的前送动作；③发不转球时，击球瞬间减小拍面后仰角度，增加前推的力量。

6．正手发左侧上（下）旋球

（1）正手发左侧上（下）旋球的特点：左侧上（下）旋转力较强，对方挡球时向其右侧上（下）方反弹，一般站在中线偏左或侧身发球。

（2）正手发左侧上（下）旋球的要点：①发球时要收腹，击球点不可远离身体；②尽量加大由右向左挥动的幅度和弧线，以增强侧旋强度；③发左侧上旋球时，击球瞬间手腕快速内收，球拍从球的正中向左上方摩擦；④发左侧下旋球时，拍面稍后仰，球拍从球的中下部向左下方摩擦。

7．反手发右侧上（下）旋球

（1）反手发右侧上（下）旋球的特点：右侧上（下）旋球力强，对方挡住后，向其左侧上（下）反弹。发球落点以左方斜线长球配合中右近网短球为佳。

（2）反手发右侧上（下）旋球的要点：①注意收腹和转腰动作；②充分利用手腕转动配合前臂发力；③发右侧上旋球时，击球瞬间球拍从球的中部向右上方摩擦，手腕有一个上钩动作；④发右侧下旋球时，拍面稍后仰，击球瞬间球拍从球的中下部向右侧下摩擦。

8．下蹲发球

（1）下蹲发球的特点：下蹲发球属于上手类发球，我国运动员早在20世纪50年代就开始使用。横拍选手发下蹲球比直拍选手方便些，直拍选手发球时需变化握拍方法，即将食指移放到球拍的背面。下蹲发球可以发出左侧旋和右侧旋，在对方不适应的情况下，威胁很大，关键时候发出高质量的球，往往能直接得分。

（2）下蹲发球的要点：①注意抛球和挥拍击球动作的配合，掌握好击球时间；②发球要有质量，发球动作要利落，以防在还未完全站起时已被对方抢攻；③发下蹲右侧上、下旋球时，左脚稍前，身体略向右偏转，挥拍路线为从左后方向右前方，拍触球中部向右侧上摩擦为右侧上旋，从球中下部向右侧下摩擦为右侧下旋；④发下蹲左侧上、下旋球时，站位稍平，身体基本正对球台，挥拍路线为从右后方向左前方，拍触对右中部向左上方摩擦为左侧上旋，从球中部向左下部摩擦为左侧下旋；⑤发左（右）侧上、下旋球时，要特别注意快速做半圆形摩擦球的动作。

9. 正手高抛发球

（1）正手高抛发球的特点：最显著的是抛球高，增大了球下降时对拍的正压力，发出的球速度快，冲力大，旋转变化多，着台后拐弯飞行。但高抛发球动作复杂，有一定的难度。

（2）正手高抛发球的要点：①抛球勿离台及身体太远；②击球点与网同高或比网稍低，在近腰的中右处（15厘米）为好；③尽量加大向内摆动的幅度和弧线；④发左侧上、下旋球与低抛发球同；⑤触球后，附加一个向右前方的回收动作，有助于对方的判断（结合发右侧旋球，更有威力）。

（二）接发球技术

对接发球判断的正确与否，会直接影响接发球的方式和接发球的成败。为了判断发球的旋转性质、旋转强度及来球线路落点，应利用各种信息进行综合分析。

1. 接发球的具体技术

接发球需做到以下几方面：①就对方发球时的站位决定自己接发球的站位；②观察对方发球前的引拍方向；③观察对方球拍触球瞬间摩擦球的方向，判断球的旋转性质；④观察对方发球时挥臂的动作幅度和手腕用力的大小，判断球的落点长短和旋转强弱；⑤根据发球的第一落点判断来球的长短；⑥根据球在空中的飞行弧线判断旋转方向；⑦根据手感判断来球的旋转方向；⑧记住不同性能球拍的颜色及各自的性能。

2. 接发球技术的运用

接发球技术的运用体现在以下方面：①接上旋转（奔球）正反手攻球或推挡回接，拍面适当前倾，击球的中上部，调节好向前的力量；②接下旋长球用搓球、削球、提拉球回接，搓或削时多向前用力；③接左侧上、下旋球可采用攻球和推挡（搓球或拉球）回接，拍面稍前倾（后仰）并略向左偏斜，击对偏右中上（中下）部位，以抵消来球的左侧上（下）旋力；④接右侧下球可采用攻球或推挡（搓球或拉球）回击，拍面稍前倾（后仰）并向右偏斜，击球偏左中上（中下）部位，回接要点和方法与接左侧上、下旋球相同；⑤接近网短球用快搓、快点或台内突击回接，主要靠手腕和前臂的力量；⑥转接与不转接在判断不准的情况下可轻轻地托一板或撇一板，但要注意弧线和落点；⑦接不同性能球拍的发球，长胶、生胶、防弧胶的发球基本属不转球，用相应的方法回接；⑧接高抛发球，如球着台后拐弯的程度大，应向拐弯方向提前引拍。

（三）挡球与推挡球技术

1. 挡球

(1) 挡球的特点与应用：球速慢，力量轻，动作较简单，初学者容易掌握，它可以帮助初学者熟悉球性，认识乒乓球的击球规律，提高控制球的能力。

(2) 挡球的要点：①挡球是推挡球技术的基础，初学者应形成正确的动作手法；②引拍时，上臂应靠近身体；③前臂前伸近球，手腕手指调节拍形，食指用力，拇指放松。

2. 快推

(1) 快推的特点与运用：站位近，动作小，借力还击，速度快，线路变化多，适用于回击一般的拉球、推挡球和中等力量的攻球；在相持中能发挥回球速度快的优势推压两大角或袭击对方空当，为自己的进攻创造条件。快推是推挡球最常用的一项技术。

(2) 快推的要点：①击球前靠近身体，前臂适当后撤引起；②在前臂向前推送的过程中，完成外旋动作；③转腕动作不宜过大，关键是时机要恰当。

3. 加力推

（1）加力推的特点与运用：回球力量重，速度快，击球点较高，能充分发挥手臂的推压力量。比赛中运用加力推可迫使对方离台，陷于被动局面（如侧身正手攻前一板，加力推底线或大角度），与减力挡搭配使用，能有效调动对方，获得主动。加力推适用于对付速度较慢、旋转较弱的上旋球或力量较轻、着台后弹起比网稍高的来球。

（2）加力推的要点：①球拍后撤上引是为了增大用力距离；②击球点适当离身体远一点；③击球时间不宜过早或过迟；④要有效把身体各部分的力集中在击球的一瞬间。

4. 减力挡

（1）减力挡的特点与运用：回球弧线低、落点低、力量轻。回接对方的大力扣杀或加力能减弱回球的力量，如与加力推结合运用，可以前后调动对方，是对付中台两面拉或两面攻打法的有效战术，它还常用于接加转弧圈球。

（2）减力挡的要点：①击球前身体重心略升高，稍屈前臂，球拍保持合适的前倾角度；②触球瞬间，有意识地做手臂和手腕后收的动作；③在削弱来球反弹力的同时，借来球的力量将球挡过去。

（四）攻球技术

1. 正手近台攻球

（1）正手近台攻球的特点与运用：站位近台，击球时间早，球的速度快，动作幅度小，是我们近台快攻打法的主要技术之一，常用于还击正手位的发球，推挡球、一般的上旋球等，能使对方措手不及，在对攻中以线路、落点变化相结合，使对方陷于被动，伺机扣杀。

（2）正手近台攻球的要点：①充分利用全身协调用力（蹬地、转腰、移重心）；②前臂发力为主，手腕辅助用力；③击球点在身体右前侧（大约为前臂的长度）；④触球瞬间以向前打为主，略带向上摩擦。

2. 正手中远台攻球

(1) 正手中远台攻球的特点与运用：站位稍远，动作幅度大、力量重，进攻性强，但步法移动的范围较大。多用于对攻中，以力量配合落点变化直接得分或为扣杀创造条件，也用于侧身后扑正手打回头。防御时，在相持中寻找机会；削球选手的削中反攻。

(2) 正手中远台攻球的要点：①加大向右手方引拍的幅度，是为了增大击球的动作半径；②上臂带动前臂发力，上臂向前，前臂和手腕以向上发力为主；③身体其他部位的协调用力不可缺少。

3. 正手扣杀

(1) 正手扣杀的特点与运用：动作幅度大、力量重、球速快、攻击性强，是得分的重要手段。常用来对付着台后弹起比网高的机会球或前冲力不大的半高球。

(2) 正手扣杀的要点：①击球点离身体稍远，球拍应与球同高；②在高点期击球，不宜打"落地开花球"；③击球瞬间，整个手臂应发挥到最大力量，配合腰部转动及蹬地的力量；④如来球带有下旋，球拍略低于来球，触球瞬间手腕向上抖动发力。

4. 正手拉球

(1) 正手拉球的特点与运用：站位近、速度快、动作小、线路活和稳健性好，是回击发球、搓球、削球等下旋球的一种必备技术。常用于接发球抢位，对搓中抢位；对付削球时稳拉，以落点、弧线和旋转程度的变化，伺机进行突击。

(2) 正手拉球的要点：①身体重心略下降，右肩稍下沉；②在球的下降前期击球，不可过于低于台面；③触球时应尽量增大摩擦球体的面积和时间。

5. 正手台内突击

(1) 正手台内突击的特点与运用：站位近、动作小、速度快、突击性强，是处理近网短球的一项重要技术，是我国快攻打法运动员掌握的特有进攻技术。常用于还击弹跳不出台的下旋球，或在对搓中突击起板，或在对付削球时，利用这一技术直接得分并为扣杀创造机会。

（2）正手台内突击的要点：①击球前持拍手臂不宜伸得太直；②用中等力量击球较为合适；③应根据来球的旋转性质与强度，调节好拍面角度、击球的部位和发力的方向。

6. 正手杀高球

（1）正手杀高球的特点与运用：动作幅度大、击球点高、力量重，配合落点的运用，能给对方致命的打击，多用于对付弹起较高的来球。

（2）正手杀高球的要点：①要集中全身的力量于触球的一瞬间；②击球点适当离身体稍远一点（增大挥拍动作的半径）；③近网高球只需向下用力，但杀落点远、落点后有一定前冲力的高球，应保持足够的向前的力量。

7. 反手近台攻球

（1）反手近台攻球的特点与运用：站位近、动作小、速度快、突击性强。一般用来回击落在左半台的来球，与反手推挡、正手攻球结合，能加强攻势，取得更多的主动权，但反手攻球因受身体妨碍，攻球力量不如正手大。

（2）反手近台攻球的要点：①击球过程中要注意收腹，转髋转腰；②以肘关节为轴心，前臂发力为主，手腕有一向前上方摩擦球的动作；③保持适宜的击球点尤为重要，离身体太远或太近难于发力。

8. 反手快拨

（1）反手快拨的特点与运用：反手快拨是横拍进攻型运动员常用的一项相持性技术。具有站位近、动作小、落点变化多的特点。它主要用来对付弧圈球、直拍推挡或反手攻球，虽有一定的速度，但力量较差，应与侧身攻或反手突击技术等结合运用。

（2）反手快拨的要点：①上臂贴近身体，前臂迅速前伸迎球；②手腕控制拍面前倾，借来球反弹力将球拨回；③掌握好击球时间；④注意线路落点变化并与突击结合运用，为进攻创造条件。

9. 反手快点

（1）反手快点的特点与运用：反手快点速度快、线路活，具有突然性，是直、横拍两面攻打法的一项重要技术，多用于前三板。如发短球后和接近网短球以及相互摆短时，常用它来抢先上手，以争取下一板的进攻机会，以左推右攻为主的运动员，如能熟练运用反手快点技术，可在前三板中获得更多的主动权。

（2）反手快点的要点：①左方近网来球，以左脚向左前方上步；中间偏左来球，则以右脚向前上步。快点斜线时，球拍触球中部偏左，由后向前、向右挥动；快点直线时，球拍触球中部，由后向前、向左挥动。②重心及时前移，上体贴近球台，以利于在高点期击球。

10. 反手快拉

（1）反手快拉的特点与运用：反手快拉的特点是站位近、动作小、速度较快、落点变化多，是对付下旋来球的一项重要技术。用它找机会突击，既可加强攻势，又可避免正手空位过大。横拍和直拍的反面快拉丰富了反手位的节奏，对搓中或对付削球时用它能争取主动或直接得分。

（2）反手快拉的要点：①根据来球落点、长短，迅速移位。一般多以单步或跨步向左方、左前方或左后方移动，正对来球。②击球过程中，注意收腹，以增大击球空间。③须根据来球的下旋强度，调节摩擦球时用力的大小和弧线的高低。

11. 反手扣杀

（1）反手扣杀的特点与运用：反手扣杀的特点是动作大、力量重、球速快、攻击性强，是还击机会球的一种方法，是得分的有效手段，它一般在发球、相持中取得机会后运用。

（2）反手扣杀的要点：①击球点不宜离身体太近；②要以整个手臂和腰的协调配合来增加击球的力量；③球拍触球瞬间用力要集中，避免仅用手腕弹击球。

12. 侧身攻球

（1）侧身攻球的特点与运用：侧身攻球的特点是速度快、力量重、攻势强，它是不同类型打法都必须掌握的一项重要技术。侧身攻球技术运用多少在很大程度上标志着进攻能力的强弱。

（2）侧身攻球应注意的问题：①侧身后，要保持上体与球台的合适角度，既能攻斜线也能打直线，同时不妨碍下一次击球；②要有足够的击球空间（收腹）；③应尽量避免在移动过程中击球；④攻球时要利用右脚蹬地的力量，重心适当前移，前臂稍向前发力。

（五）搓球技术

搓球是近台还击下旋球的一种技术。

1. 慢搓

（1）慢搓的特点与运用：慢搓动作幅度大，在来球的下降期击球，回球速度慢，但有利于增加搓球的旋转强度。慢搓一般适用于回接旋转较强、线路稍长的来球。在对搓中，快慢搓结合起来，可以变化击球节奏，牵制对方。

（2）慢搓的要点：①应根据来球的具体情况，控制好拍面的后仰角度；②击球时，以前臂用力为主，转腕动作不宜过大；③搓加转球，在向下用力的同时，应增加前送的幅度。

2. 快搓

（1）快搓的特点与运用：动作幅度小，回球速度快，借来球的前进力将球搓回，常用于接发球或削过来的近网下旋球，在对搓中，利用快搓变化击球节奏，缩短对方回球的准备时间。

（2）快搓的要点：①身体重心前移，身体靠近来球；②前臂主动前伸插向球的中下部；③快搓一般借力还击，若来球下旋弱可用力下切。

3. 搓转与不转球

（1）搓转与不转球的特点与运用：用相似的手法搓出转与不转球（相对而言），使对方判断错误而直接得分，或为抢攻创造条件。在对搓中，把旋转变化与落点变化巧妙地结合起来，可以获得更多的进攻机会，在对付削球时，能使自己从被控制的局面中解脱出来。

（2）搓转与不转球的要点：①加转是前提，转与不转间差异越大越有威力；②搓加转时，手腕以爆发式用力为主；③搓不转时，要注意回球的弧线。

（六）削球技术

削球是一项重要的防守技术。它能通过旋转和落点的变化，直接得分，或在调动对方的情况下，伺机反攻。

1. 远削

（1）远削的特点与运用：击球动作大、球速慢、弧线长，有利于削转与不转球和以落点变化来牵制对方。远削常适用于对付对方的扣杀球、弧圈球和提拉球，它是以削为主打法的选手必须掌握的基本技术之一。

（2）远削的要点：①向上引拍，是为了增大削击球的用力距离；②在下降期击球，但不能过于低于台面；③要保持足够的撞击力，否则球会不过网。

2. 近削

（1）近削的特点与运用：动作幅度小、回球速度快、前进力较强，多用于近削逼角，有一定的威胁，往往能获得主动或直接得分。一般用来对付轻拉球和一般的上旋球。

（2）近削的要点：①向上引拍比肩略高；②根据来球的情况调节拍面后仰角度；③以前臂发力为主，手腕配合下压，击球后没有前送的动作。

3. 削弧圈球

（1）削弧圈球的特点与运用：削加转弧圈球是削球手必须掌握的一项重要技术。因为加转弧圈球上旋强，触拍后向上的反弹力极大，处理不好容易回出高球甚至出界，所以难度较大。

（2）削弧圈球的要点：①应在来球的下降后期触球，此时，球的旋转已减弱。②击球点一般以选在右腹前为宜，并适当放低些，这样可利用来球部分向上的反弹力形成自然的回球弧线，有利于提高削球的准确性。③球拍触球时，拍面不能过分后仰，应触球的中下部；如来球旋转较强，可使拍面竖直些，并适当加大手臂向下压球的力量。④触球时，手腕应相对固定，以免回球过高。

（七）弧圈球技术

弧圈球是一种上旋非常强的进攻技术。可分为前冲弧圈球、加转弧圈球等。

1. 正手前冲弧圈球

（1）正手前冲弧圈球的特点与运用：飞行弧线低、速度快、前冲力强，落点后弹起不高，但急向前冲并向下滑落，能起到与扣杀同样的作用。常用于对付发球、推挡球、搓球以及中等力量的攻球，离台相持时，也可以利用它进行反攻。在实际运用中，步法移动的速度快、范围广。

（2）正手前冲弧圈球的要点：①引拍的幅度大，尽可能增大挥拍的动作半径；②加快挥拍速度，在球拍达到最大速度时触球；③单纯用上肢发力，前冲力不强，因此腿、髋、腰的配合不可缺少；④摩擦力大于撞击力，球拍与球的吻合面要合适，防止打滑。

2. 正手加转弧圈球

（1）正手加转弧圈球的特点与运用：飞行弧线高、上旋很强、速度较慢，但着台后向下滑落较快，对方回击容易出高球，甚至出界，可以直接得分或为扣杀争取机会，它是对付削球、搓球和接出台发球的重要技术。另外，由于球出手弧线的弯曲度较大，落到对方台面后迅速下滑，还可起到变化击球节奏的作用。

（2）正手加转弧圈的要点：①引拍时，球拍必须低于来球，但不要下沉太多；②拉球时，持拍手臂由下向上发力，前臂快速收缩，触球瞬间，尽量加长摩擦球体的时间；③身体重心随右脚蹬地，转腰，挥臂提高。

二、篮球运动及其技术训练

篮球运动起源于美国，是以投篮为核心，以得分多少决胜负的体育项目，具有集体性、对抗性和时空性的特点。"篮球运动是一项需要协调全身力量的项目，要求运动员的各个肌肉群都参与其中"[①]，其不但能使参与者

[①] 杜明晖. 篮球运动员进行专项力量素质训练的探究［J］. 健与美，2023（10）：120.

的身体在力量、速度、灵敏度和弹跳力等方面得到发展，而且可以培养参与者的集体荣誉感、严格的组织纪律性和顽强的意志品质。篮球运动的具体技术训练如下：

(一) 移动技术

移动是篮球比赛中为了改变位置、方向、速度和争取高度等所采用的各种脚步动作的通称。它是篮球技术的重要组成部分，是实现战术目标的重要因素。

1. 基本站立姿势

(1) 动作要领：两脚左右或前后自然开立，稍屈膝，重心落在两脚的前脚掌上，两眼平视。

(2) 运用时机：基本站立姿势是及时、协调地转换其他动作，完成攻击目的的基本姿势，在球场上应经常处于这种既稳定又机动的基本站立姿势。

(3) 练习方法：①原地按动作要求做基本站立姿势；②原地移动重心练习；③结合跨步、撤步和交叉步等动作练习。

(4) 练习要求：随时保持基本站立姿势，控制好身体平衡。

2. 侧滑步

(1) 动作要领：两脚向侧一跨一蹬，重心平稳移动，重心始终落在两脚之间。

(2) 运用时机：一对一防守移动时；对手变向、变速时；运用交叉步、后撤步以后，迅速转为侧滑步。

(3) 练习方法：①按信号做左、右侧滑步；②按信号做侧滑步变后撤步接交叉步。

(4) 练习要求：第一步出步大而快，跟步快，动作衔接快。

3. 启动

(1) 动作要领：启动时，重心前移，后脚用力蹬地。启动后，前两三步应小而快。

(2) 运用时机：攻防转换启动接应时；启动快下时；突然超越防守者时。

(3) 练习方法：①根据信号向不同方向启动快跑；②原地运球，根据信号进行快速启动练习。

(4) 练习要求：蹬地迅猛，启动后应加速跑。

4．变方向跑

(1) 动作要领：异侧脚蹬地，重心转移时，第一步出步要快。

(2) 运用时机：对付紧逼防守时；堵截进攻时。

(3) 练习方法：①根据信号在场内做变向跑；②在场内按规定的位置做跨步急停变向跑。

(4) 练习要求：变方向时，步法衔接快，第一步出步快。

5．侧身跑

(1) 动作要领：脚尖对着跑进方向，双眼注视球和场上情况。

(2) 运用时机：外线队员纵切时；内线队员横切时；快攻快下时。

(3) 练习方法：①按信号做全场侧身跑；②利用三个圆圈做侧身跑。

(4) 练习要求：内膝深屈，向内压肩。

6．跨步急停

(1) 动作要领：重心后拉，脚前掌内侧用力蹬地。

(2) 运用时机：对付紧逼防守时；一对一攻守时；折回跑摆脱防守接球时。

(3) 练习方法：①跑 3~5 步做跨步急停；②跨步急停折线跑。

(4) 练习要求：屈膝降重心，保持重心稳定。

7．跳步急停

(1) 动作要领：屈膝降重心，两脚内侧用力蹬地。

(2) 运用时机：突破前接球主动靠近防守者时；内线策应者背对篮跑出接球时。

(3) 练习方法：①跑 3~5 步做跳步急停；②跳步急停后，右（左）跨步起跳。

(4) 练习要求：急停时重心稳，与其他步法衔接连贯。

8. 前、后转身

（1）动作要领：移动脚蹬跨，重心移至中枢脚，以肩带腰转动。

（2）运用时机：背对篮接球后，可前、后转身突破，跳投或传球；持球者面对防守者，可前、后转身突破或躲避对手抢球；无球者利用转身摆脱对手接球。

（3）练习方法：①原地做前、后转身；②跳起接球后做前、后转身或转身运球突破；③快跑跨步急停后，做前、后转身启动快跑。

（4）练习要求：转身快，重心平稳，转身后与下一个动作衔接要快。

9. 后撤步

（1）动作要领：前脚用力蹬地，用腰部力量带动转胯后撤，重心平衡。

（2）运用时机：进攻者从防守者前脚一侧突破时，采用后撤步堵截。

（3）练习方法：①由基本站立姿势做后撤步接侧滑步；②由基本站立姿势做侧滑步变后撤步接交叉步。

（4）练习要求：后撤步时前脚蹬地，快速向后转腰跨步，重心低而稳。

（二）传、接球技术

传、接球技术是篮球运动中运用最多的一项综合技术，它是衔接其他各项技术的桥梁，是组织进攻，实现战术的纽带。

1. 双手胸前传接球

（1）双手胸前传球动作要领：双手持球于胸前，传球时，后脚蹬地重心前移，同时迅速伸臂，手腕急促翻转，拇指下压，用食、中指用力弹拨将球传出。

（2）双手接球动作要领：两手成半球状正对来球方向，手指触球瞬间快速后引。

（3）双手胸前传球运用时机：可用于不同的方向和各种距离；由后场向前场推进时，适宜中近距离时运用；阵地战时，外围进攻者多数采用；可与胸前投篮、突破技术结合运用。

（4）双手接球运用时机：原地和跑动中大都可以采用。

（5）练习方法：①原地两人对面传、接球；②迎面移动传、接球；③两角传、接球。

（6）练习要求：传、接球手法正确，传球时应协调用力，接球瞬间应后引。

2. 双手头上传球

（1）动作要领：两手持球于头上，迅速甩臂和翻腕，手指用力向前拨球。

（2）运用时机：适用于中、近距离传球。如快攻第一传、外线队员转移传球和外线队员向内线队员传球时均可采用。

（3）练习方法：①原地两人对传；②三角传、接球。

（4）练习要求：动作规范，传、接球距离由近到远。

3. 单手肩上传球

（1）动作要领：双手持球于胸前，传球时异侧脚跨出，引球至同侧肩上，以肘领先快速甩小臂扣腕，用食指、中指和无名指用力将球传出。

（2）运用时机：适用于中、远距离传球。如快攻一传或长传，进攻区域联防时的中、远距离对角传球。

（3）练习方法：①原地两人对传；②三角传、接球。

（4）练习要求：动作规范，传、接球距离由近到远。

4. 单手低手传球

（1）动作要领：双手胸前持球下摆，前臂迅速向传球方向摆动，急促屈腕，经手指用力将球传出。

（2）运用时机：适用于近距离传球。常在对付高大队员防守或做隐蔽传球时采用。如突破分球、策应传球和快攻结束阶段以多打少时采用。

（3）练习方法：①原地两人对传；②行进间两人单手低手传、接球直线推进。

（4）练习要求：甩前臂，迅速屈腕。行进间传、接球时，手的运作应与脚步动作协调配合。

5. 反弹传球

（1）动作要领：单、双手反弹传球手法与单、双手胸前传球基本相同，只是将球向地面击地点传出。击地点控制在接球者与传球者之间距离的三分之一处。

（2）运用时机：双手反弹传球多用于中、近距离快速传球，如外线队员向内线队员传球、突破分球、快攻一传和结束阶段的传球等。单手反弹传球多用于近距离传球，如外线队员传球给中锋或空切篮下的队员传球等。

（3）练习方法：①原地两人对传；②三角传、接球。

（4）练习要求：控制好击地点的距离。传、接球距离由近到远。

（三）投篮技术

投篮是进攻者将球投入篮筐所采用的各种专门动作的总称。它是进攻中得分的唯一手段，是篮球运动的主要进攻技术，是组成战术的重要环节。

1. 原地双手胸前投篮

（1）动作要领：双手持球于胸前，两膝微屈。投篮时两脚蹬地，两臂上伸，两手腕外翻，用拇指、食指和中指将球投出。

（2）运用时机：中、远距离投篮时或罚球时。

（3）练习方法：①原地两人相互对投；②定点投篮；③不同角度和距离的投篮。

（4）练习要求：两腿的蹬地与两臂的上伸应协调一致，手腕外翻与拇、食、中指拨球动作应连贯用力。

2. 原地单手肩上投篮

（1）动作要领：以右手投篮为例。右手持球于肩上，两腿微屈。投篮时，右臂随腿的蹬伸抬肘上伸，屈腕将球通过食指、中指和无名指投出。

（2）运用时机：运用较为广泛，在不同距离和位置上均可采用。

（3）练习方法：①原地两人相互对投；②定点投篮；③不同角度和距离的投篮。

（4）练习要求：上、下肢用力协调连贯。屈腕和手指拨球动作柔和有力。

第四章 体育运动项目与技术训练

3. 行进间单手低手投篮

（1）动作要领：以右手投篮为例。右脚跨步接球，左脚上步起跳，同时双手持球由体侧向前上方举起，跳到最高点时，屈腕将球从食指、中指和无名指的指端投出。

（2）运用时机：快速跑动中接球投篮时；快速跑动中超过对手后或强行突破时。

（3）练习方法：①原地持球做自抛自接行进间单手低手投篮；②行进间运球单手低手投篮；③行进间接球做单手低手投篮。

（4）练习要求：跨步接球与上步举球动作连贯协调。屈腕拨球动作柔和。

4. 行进间单手肩上投篮

（1）动作要领：以右手投篮为例。右脚跨步接球，左脚上步起跳，双手举球于右肩上方。跳起到最高点时，右肘上提，迅速伸臂，屈腕将球通过食指、中指和无名指投出。

（2）运用时机：快攻反击时和切入篮下时。

（3）练习方法：①原地持球做自抛自接行进间单手肩上投篮；②运球后做行进间单脚起跳单手肩上投篮；③移动中接球做行进间单脚起跳单手肩上投篮。

（4）练习要求：跨步接球与上步起跳举球应连贯协调。控制好手腕和手指用力的大小。

5. 原地跳起单手肩上投篮

（1）动作要领：以右手投篮为例。双手持球于胸前，两腿稍屈。起跳时双脚用力向上起跳，同时双手迅速举球于右肩上，跳到最高点时，迅速提右肘伸臂，屈腕将球通过食指、中指和无名指投出。

（2）运用时机：多适用于中、远距离投篮，可与传接球、运球突破、转身或其他技术结合运用，如原地、行进间急停、面向或背向球篮投篮时采用。

（3）练习方法：①两人对面跳起对投；②近距离跳起投篮；③不同角度

和位置接球跳起投篮。

（4）练习要求：起跳与举球动作协调一致，举球快而有力。跳至最高点时再提肘、伸臂，将球出手。

（四）运球技术

运球是持球者在原地或移动中，用单手连续拍按由地面反弹起来的球时所采用的动作的总称，它是比赛中控制球、突破防守、发动快攻和组织进攻配合的重要技术。

1. 高运球

（1）动作要领：抬头目视前方，以肘关节为轴用手腕和手指向地面按拍球，球落点在体侧前方。球反弹高度约在腰、胸之间。

（2）运用时机：由后场快速推进到前场时；快攻中运球投篮时；持球突破防守后运球投篮时；用高运球组织进攻、调整进攻位置与进攻速度时。

（3）练习方法：①原地高运球；②全场行进间高运球。

（4）练习要求：以肘关节为轴，抬头运球。

2. 低运球

（1）动作要领：抬头，两膝深屈，以腕关节为轴，用手指力量按拍球；运球高度在膝部以下。

（2）运用时机：对手紧逼时，可运用低运球摆脱防守；运球掩护时采用。

（3）练习方法：①原地低运球；②半场行进间折回运球。

（4）练习要求：以腕关节为轴，控制好按拍球的部位。

3. 运球急停急起

（1）动作要领：急停时，手指控制球的前上部，同时做一步或两步急停，使球垂直反弹，高度控制在膝以下。急起时，手指推拍球的后上方，同时脚掌蹬地，重心迅速前移。

（2）运用时机：运球者在防守较紧，而又不能快速运球超越时，常采用急停急起摆脱防守。

（3）练习方法：①全场行进间运球急停急起；②看信号做急停急起。

(4) 练习要求：急停要停得住，急起要启动快。控制好拍球部位。

（五）持球突破技术

持球突破是持球者运用脚步动作和运球技术快速超越防守者的一项攻击性很强的技术，它既能为个人创造良好的进攻机会，也能打乱对方防守布局，为同伴和全队创造更佳的进攻机会。持球突破包括交叉步突破、顺步突破。

1. 交叉步突破动作要领

以右脚为中枢脚为例。突破时，左脚快速蹬地，向右侧前方跨出一大步，同时上体右转，下压左肩，将球拍按于右侧运球突破。

2. 顺步突破动作要领

以左脚做中枢脚为例。突破时，右脚迅速向右前方跨出，同时向右转体探肩，右手放球于右脚侧前方，左脚向右前方跨出突破。

3. 运用时机

在半场紧逼、对投篮者紧逼和突破分球时，常采用持球突破技术。

4. 练习方法

原地持球交叉步或顺步突破；一人防守一人持球做交叉步突破或顺步突破投篮；一人防守一人跳步急停接球做交叉步或顺步突破投篮。

5. 练习要求

两脚都能做中枢脚。突破要狠、要快，不走步。做到蹬地、探肩、放球和加速动作连贯协调。

三、足球运动及其技术训练

现代足球运动起源于英国，是以射门为目标，以得分多少决定胜负的一种体育项目，具有对抗性、集体性和多变性的特点。足球运动不但能提高参与者的身体素质，而且有利于培养其顽强拼搏的精神与团队协作意识。足球运动的技术训练具体如下：

（一）踢球技术

踢球是运动员有目的地用脚将球踢向预定的目标，达到有意识地传球和射门的目的。踢球方法很多，动作要领也各不相同，但无论哪种踢球，都由助跑、支撑脚站位、踢球腿的摆动、脚触球部位、踢球后的随前动作五个环节组成。

1. 脚背正面颠球

颠球时，支撑脚的膝关节微屈，身体重心移到支撑脚上，当球下落至膝关节以下时，颠球脚的膝、踝关节适当放松，并柔和地向前稍上方甩动小腿，用脚背轻击球的底部，将球向上颠起，左右交替进行。

2. 脚内侧踢定位球

正对踢球方向直线助跑，最后一步稍大，支撑脚踏在球的侧方约15厘米处，脚尖正对出球方向，膝关节微屈，在支撑脚着地的同时踢球腿以髋关节为轴由后向前摆动。在前摆的过程中大腿外展膝关节微屈，踢球脚的内侧正面正对出球方向。小腿快速前摆，脚尖稍翘起，脚掌与地面平行，用脚内侧部位敲击或推送球的后中部，这种踢球方法可踢定位球、地滚球和空中球。其优点是传球准确性好，缺点是出球力量较小，多用于近距离和中距离传球。

3. 脚背内侧踢定位球

斜线助跑，助跑方向与出球方向成45°角，最后一步稍大，支撑脚掌外侧滚动式积极着地，踏在球的后侧方20厘米左右处，膝微屈，脚尖指向出球方向，身体稍向支撑脚一侧倾斜。在支撑脚着地的同时，踢球腿以髋关节为轴，大腿带动小腿由后向前摆动，当大腿摆至球的上方时，小腿加速前摆，此时，脚尖外转，脚背绷直，踝关节紧张，以脚背内侧部位触击球的后中部（踢高球时，踢球的中下部），踢球腿及身体继续随球向前。比赛中，常用脚背内侧踢地滚球、反弹球、空中球、旋转球。踢弧线球时，用脚背内侧击球的后中部，摆腿方向向球外侧斜前方，击球瞬间踝关节用力向内扣并上翘，使球成侧旋并沿一定的弧线运行。

4. 脚背正面踢定位球

直线助跑，最后一步稍大，支撑脚滚动式积极着地，踏在球的侧方约10厘米处，脚尖正对出球方向，膝关节微屈，踢球腿随跑动向后摆起，小腿弯曲。在支撑脚着地的同时，以髋关节为轴，大腿带动小腿由后向前摆动，当膝关节摆至球的正上方，小腿快速摆动，脚面绷直，踝关节紧张，脚趾扣紧，用脚背正面部位击球的后中部，击球后身体及腿随球前移。比赛中，常用脚背正面踢地滚球、反弹球、凌空球和倒钩球等。

5. 脚背外侧踢定位球

直线助跑，支撑脚站位及踢球的摆动均与脚背正面踢球技术相同，用脚背外侧部触球，此时要求膝关节与脚尖内转，脚面绷直，脚趾紧曲，踢球后身体及踢球脚随腿前移。比赛中多用脚背外侧踢定位球、弧线球和弹拨球。踢弧线球时，支撑脚踏在球的侧后方约15~20厘米处，踢球脚的脚踝用力，并用脚背外侧击球的后中部，摆腿方向不通过球心，而向支撑脚一侧的前方摆动。

（二）停球技术

停球是指运动员有目的地用身体的合理部位触球，以改变运动中球的方向，使球落向所需要的控制范围内。停球技术有以下几种：

1. 脚底停地滚球

身体正对来球方向，移动前迎，支撑脚站在球的侧面，脚尖正对来球方向，膝关节微屈，同时停球腿提起屈膝，脚尖上翘，使脚底与地面约小于45°角（脚跟离地面稍低于球），一般前脚掌接触球的部位以能碰到球的前上部为宜。可根据需要在停球的同时将球推向前方或拉向身后。

2. 脚底停反弹球

准确判断来球落点，身体前移迎球，支撑脚站在球落点侧前方（以球前进方向为准），脚尖正对来球方向，当球落地刚要反弹的瞬间，用脚掌去触球的前面中上部，微伸膝，用脚掌将球停在体前。

3. 脚内侧停球

支撑脚尖正对来球，膝关节微屈，停球腿提膝大腿外转，脚尖微翘，脚底基本与地面平行，使脚内侧面对来球并前迎，在脚内侧面与球接触前开始后撤，其后撤的速度与球速基本相同，把球控制在衔接下一动作需要的位置上。在停空中球时也可将脚提起稍高于选择的停球点，在脚与球接触前的刹那开始下切，在下切过程中用脚内侧切于球的侧上部，将球停在地上。一般情况下，用此种方法停下来的球还会反弹，需要当即衔接下一个动作将球控制住，否则易被对手抢去。

4. 胸部停球（挺胸式停球）

面对来球方向站立（两脚前后或左右开立均可），两膝微屈，重心落在两脚之间，上体后仰，下颌微收，两臂自然张开，当球接触胸部的瞬间，两脚蹬地胸稍前挺，同时收腹，用挺胸动作使球弹起改变运行路线后落于体前。一般高于胸部的下落球，可采用挺胸式停球方法。如果是齐胸平直球可采用收胸式方法将球停在体前，在收胸式停球时，可以在触球前向体侧转体，将球停于体侧需要的位置上。

5. 脚背外侧停地滚球

将停球点放在停球腿外侧，支撑腿膝关节微屈，停球腿屈膝提起，脚内转，以脚外侧正对来球，然后大腿向停球方向推动触球的侧方，同时身体重心向停球方向偏移，把球停在侧前方或侧方，身体随球移动。

（三）运球技术

运球是指运动员在不断地跑动中用脚（或身体的其他合理部位）间断地触球，使球始终处于自己的控制范围的能力。

1. 脚内侧运球

运球前进时，支撑脚始终领先于球，位于球的侧前方，肩部指向运球方向，支撑腿膝关节微屈稍向外转，重心放在支撑脚上，运球腿提高，屈膝用脚内侧部位推球的后中部。

2. 脚背外侧运球

运球跑动时与正常跑动时相同，上体微前倾，身体放松，步幅不宜过大，运球腿提起时，膝关节弯曲，脚跟提起，脚尖内转，使脚背外侧正对运球方向并向前推拨球的后中部。

3. 脚背内侧运球

身体稍向内侧转并自然放松，上体前倾，步幅要小，运球腿提膝外展，脚跟提起，脚尖外转，在迈步前摆着地前，用脚背内侧部位推拨球。

(四) 头顶球技术

头顶球是运动员为取得空中优势用头触击球的动作，可分为前额正面顶球和前额侧面顶球，这两个部位都可做原地顶球、跑动中顶球、跳起顶球和鱼跃顶球。

1. 原地前额正面顶球

身体正对来球方向，两眼注视来球，两脚前后或左右开立，两膝微屈，重心放在两脚的支撑面上或后脚上，两臂自然张开。当球运行到身体垂直部位前的一刹那，两腿用力蹬地，收腹上体前摆，下颌微收，颈部紧张，在触球前瞬间颈部做快速前摆，用前额正面部位击球的前中部，身体随球做适当前移。

2. 原地前额侧面顶球

两脚前后开立，由球方向的同侧脚在前，两膝微屈，上体和头部稍向出球相反方向回转侧屈，身体重心放在后脚上，两臂自然张开，眼睛注视来球。当球运行到出球方向同侧肩部的一刹那，后腿用力蹬地，上体随即向着出球方向扭摆，同时颈部紧张并用力向击球方向甩头，用前额侧面击来球的侧前中部。

(五) 掷界外球技术

原地掷界外球，面对掷球方向，两脚左右或前后开立，膝关节微屈，上体后仰成背弓，重心后移，两手自然张开，拇指相对，持球的侧后部，屈肘将球置于头后。掷球时，两脚用力蹬地，两腿迅速伸直收腹，持球由后向前摆动，当球摆过头顶时，用力甩腕将球掷入场内。掷球时脚可沿着地面向前滑动，两脚不得离开地面或踏入场内，但允许踏在线上。助跑掷界外球时将球放在胸前助跑，掷球动作与原地掷球动作相同，用助跑掷界外球是为了借助于助跑速度将球掷得更远些，以增加进攻的威力。

(六) 抢截球技术

抢截球包括抢球和截球。抢球是用规则所允许的条件和动作，把对方控制的球争夺过来，踢出去或破坏掉，创造转守为攻的机会。截球是把对方队员间传出的球堵截住或破坏掉。抢截球的技术要点：选择有利的位置，掌握好抢截时机，利用身体的合理冲撞，动作衔接要快。

1. 正面跨步抢球

两脚前后开立，两膝微屈，重心下降，面向对方，在对方运球脚触球后即将着地或刚着地时，支撑脚立即用力后蹬，抢球脚以脚内侧对着球跨出，膝关节弯曲，上体前倾，身体重心移到抢球脚上。另一脚立即前跨，如双方的脚同时触球时，则要顺势向上提拉，使球从对方脚背滚过。同时身体重心要迅速跟上，把球控制好。

2. 侧面合理冲撞抢球

当与对手平行追球时，防守者重心下降，靠近对手身体一侧的手臂紧贴身体，利用对手同侧脚离球后的过程，用肘关节以上部位适当冲撞对方同样部位，使对手身体失去平衡，乘机将球控制住。

3. 侧后铲球

当防守者追赶运球者还差对手半步或一步距离，对手即将传球或趟球时，此时防守者的身体尚在进攻者侧后方，可将抢球脚伸向球的前方，用脚内侧或脚背外侧将球扣截住。支撑腿膝关节弯曲，重心下降，抢球腿膝关节微屈，这也可能造成对手下肢的突然制动失去平衡，从而失去对球的控制。

（七）假动作技术

假动作是为了隐蔽自己的意图，运用各种动作的假象迷惑和调动对方，使其产生错误的判断或失去身体平衡，从而取得时间、位置、距离等有利条件，更好地实现自己的真正意图。它分为有球假动作和无球假动作。无球假动作是指运动员无球时所做的改变速度、方向、动作意图的假动作，有球假动作是指运动员有球时所做的传球、停球、运球过人等假动作。练习假动作时可将各种不同的技术动作进行真假衔接以提高假动作的有效性。

（八）守门员技术

比赛中，守门员是本队的最后一道防线，他的主要任务是不让球射入本方球门。同时，守门员要随时观察比赛情况，起到协助指挥全队防守和进攻的作用，并将截获的各种来球，迅速及时地传踢到有利进攻的位置，组织发动进攻。

1. 位置选择与准备姿势

为了守住球门，守门员一般应站在对方的射门位置和两球门柱之间所形成的分角线上。对方近距离射门时，守门员稍靠前些，这样可以缩小对方的射门角度。对方远射门时，守门员可适当前移，但要防备对方吊球射门。当对方在中场直传插入突破时，守门员应抓好时机出击截球。当球向中场或前场发展时，守门员可前移到球门区线附近。准备姿势是指，守门员要身体微蹲，重心前倾，双手置于身体两侧或前方，目光专注球场，随时做出扑投或拦截动作。

2. 移动

守门员为了更好地接住和堵截对方的传球和射门，必须根据对方射门前球和人的位置变化来相应调整自己移动的位置。一般采用倒滑步和交叉步两种方法进行移动。

3. 接地滚球和平高球

接地滚球有直腿式和单腿跪撑式两种。

（1）直腿式停球：两腿自然并立，脚尖正对来球，上体前屈，两臂并肘前倾，两手小指靠近，手掌对球，在手触球的一刹那，随球后引并屈腕、屈肘、两臂夹肘将球抱于胸前。

（2）单腿跪撑式停球：身体正对来球，两腿左右开立，一腿弯曲另一腿内转跪撑，上体前屈，两臂下垂，两手小指相对，手掌对准来球并前迎，在手触球的一刹那，两臂夹肘随球后引将球抱于胸前，然后站立。

（3）接低于胸部的平直球：身体正对来球，两脚左右开立，上体稍前倾，两臂下垂并屈肘前迎，双手小指相靠，手掌对球，当手触球的一刹那，两臂夹肘后引，顺势将球抱于胸前。

（4）接高球：判断停球点后，迅速移动并跳起，两臂上伸迎球，两手拇指成八字，手指微屈，手掌对球，当手触球时，手指手腕适当用力将球接住，顺势屈肘，回缩下引，并转腕将球抱于胸前。

（5）拳击球和托球：守门员没有把握接球或在对方大力射门等情况下，为了避免停球脱手，可采用拳击球。拳击球有单拳击球和双拳击球：①单拳击球：屈肘握拳于肩上，蹬地跳起接近球，在击球前的一刹那，快速出拳，用拳面将球击向预定的目标。②双拳击球：两臂屈肘握拳于胸前，两拳靠拢，拳心相对，当跳起接近最高点即将触球的一刹那，两拳同时快速出击，以拳面将球击向预定目标。托球是球运行路线奔向球门横梁时，守门员起跳接球把握性不大时采用的方法。起跳准备托球时，全身伸展，一臂快速上冲，掌心向上，用手掌将球托起，使球越过球门横梁上方。

四、排球运动及其技术训练

排球运动是指以通过变化击球路线与落点造成对方失误为目的，以得分多少决胜负的集体项目，具有技巧性、对抗性和集体性的特点。排球比赛无时间限制，且对抗强度较大，因此，对人的身体素质与心理素质能产生较好的锻炼作用。排球运动的技术训练具体如下：

（一）准备姿势与移动技术

准备姿势和移动是排球运动中各项技术的基础。其目的是迅速启动、快速移动地接近球，准备姿势的好坏，直接影响着脚步的移动，而脚步的移动，直接影响着技术动作的质量。判断、准备和启动这三个环节的衔接是学习的关键，启动快慢是学习的难点。

1. 准备姿势

（1）准备姿势动作规格。两脚左右开立，略宽于肩，脚尖向前稍向内，脚跟稍提起，两腿弯曲，膝关节投影点超过脚尖，上体前倾，重心靠前，两臂自然弯曲，双手置于腹前，上体放松，两眼注视来球，随时准备启动、移动或做相应动作。

（2）准备姿势练习方法：①徒手做准备姿势。②看手势做准备姿势，教师向上举手，学生直立；平举时，学生做半蹲式准备姿势。③跑动过程中看到信号或听哨音向前跨一步做半蹲、稍蹲、低蹲准备姿势。④两人一组做好半蹲准备姿势。

2. 移动

(1) 移动动作规格。在准备姿势和启动的基础上，队员根据完成技术动作和战术配合的需要，灵活运用各种步法进行移动。在准确判断之后要快速移动，边移动边注视来球，使身体尽快接近球并做好击球的准备姿势。根据来球的距离和速度采用不同的移动步法。

第一，跨步法。当来球较低，离身体一两步之间，可采用跨步法。移动时，一脚蹬地，另一脚向来球方向跨出一大步，上体前倾，使重心移至跨步脚上，另一脚适当伸直或随重心移动而跟着上步，形成击球的准备姿势。

第二，并步法。当来球离身体一步左右时，可采用并步法。移动时，移动方向的同侧脚先向移动方向跨出一步，当跨出脚落地时，另一脚迅速并上形成击球前的准备姿势。

第三，交叉步法。当球在体侧或体前侧 1 米左右时，可采用交叉法。若向右移动，启动时，上体稍向右转，左脚从右脚前向右交叉迈出一步，然后右脚再向右跨出一步，同时身体转向来球方向，形成击球前的准备姿势。

第四，跑步法。球的落点距身体较远时，采用跑步法。跑步时，应迅速启动，跑动的最后阶段要逐渐降低重心，做好击球前的准备姿势。

第五，后退法。当来球落点在身后时采用。移动时，身体保持稍低的姿势，两脚交替快速向后退步，重心应保持在体前。

(2) 移动练习方法：①徒手做各种方向的移动练习。以半蹲准备姿势站立，看手势做向前、后、左、右移动，包括一步或两步移动。②两人面对面站立成半蹲准备姿势，双手互拉，由其中一人主动做向前、后、左、右的移动，另一人跟随做。③将球抛向不同的方向，练习者用不同的步法迅速将球接住。④练习者以坐、蹲、卧等不同姿势，听信号后快速启动冲刺 6 米，然后放松慢跑回。

（二）发球技术

发球是队员在发球区内自己抛球后，用一只手或手臂将球击入对方场区的一种击球方法，是比赛和进攻的开始。发球按性能一般可分为发旋转球与发飘球两大类。发旋转球主要有正面上手发球、勾手大力发球、跳发球、正面下手发球、侧面下手发球、侧旋球、高吊发球；发飘球主要有正面上手发球和勾手发飘球、跳发飘球。各类发球的抛球、击球、用力是发球的三个重要环节，抛球和击球是教学的难点。以下主要探讨侧面下手发球、正面上手发球。

1. 侧面下手发球

（1）侧面下手发球动作规格（以右手发球为例）。左肩对网站立，两脚左右开立与肩同宽，两膝微屈，上体稍前倾，左手持球于腹前。发球时，将球垂直上抛在身体的正前方约一臂距离，离手约 30 厘米，同时右臂摆至右侧后下方。引臂后，利用右脚蹬地和向左转体动作，带动右臂迅速向前挥动，在体前腹部高度用掌根击球后下方。击球后，身体顺势转向球网，重心前移进入球场。

（2）侧面下手发球练习方法：①徒手练习。体会身体的协调用力和挥臂的动作及路线。②抛球练习。球抛起要垂直向上，人和球的位置和抛起高度要适当。③对墙发球练习。距墙 6~8 米，注意击球手法和击球部位，球击到墙要有一定高度。④近、远距离隔网发球练习。两人一组相距 8~10 米，逐渐到端线外，隔网发球。

2. 正面上手发球

（1）正面上手发球动作规格（以右手发球为例）。面对球网，两脚前后开立，左脚在前，重心偏于右脚，左手持球于身前，发球时将球抛向右肩上方约高出击球两点球的地方，右臂同时抬起，屈肘后引，肘与肩平，上移向右侧转动，挺胸展腹。击球时，利用蹬地、收腹的力量，用全掌击球的后中下部，手腕向前推压。

（2）正面上手发球练习方法：①徒手发球练习。两人一组，体会完整动作过程，主要是挥臂动作。②对墙发球练习。距墙 3.5 米，墙上定个参照物，发出的球尽量打中参照物。体会抛球与击球时的手臂挥动配合。③近、远距离隔网发球练习。两人一组，相距6~8米，逐渐到端线外发球。体会击球用力和动作的连贯性。④发直线球和斜线球。将对方场区一分为二，固定发球位置，然后要求发直线球和斜线球。同时，要求发球要稳要准。

（三）垫球技术

垫球是用手臂从球的下部，利用来球的反弹做向上击球的技术动作，主要用来接发球和接扣球。垫球技术种类很多，可分为接发球垫球、接扣球垫球、接拦回球垫球和垫击二传球。各种垫球技术教学的难点是击球，即击球点和击球部位。下面主要探讨正面双手垫球。

1. 动作规格

根据来球路线迅速取位，使球尽量保持在腹前。双手重叠互握，掌根并拢，拇指平行。两臂伸直相夹并外旋成平面。垫球时重心降低，两臂前伸插入球下，击球点保持在腹前，取好击球角度，手臂夹紧，利用蹬地、提肩、顶肘、压腕的动作，用腕上10厘米左右的小臂内侧构成的平面将球击出。

2. 练习方法

（1）固定球垫击练习。两人一组，一人持球于腹前，另一人做垫击动作。体会击球部位的感觉，掌握好插、夹、提、压动作。

（2）自垫球练习。自行将球垫起，垫出的球要有高有低。巩固垫球动作。

（3）抛垫、对垫练习。两人一组，相距3~5米，一抛一垫或对垫。要求垫出的球要有适当高度。

（4）三人两球移动垫球练习。3人拿2个球，2人相距4米左右平行站立，向前抛球，另一人移动垫球。要求移动快，尽量将球置于腹前。

（5）接发球、扣球、垫球练习。两人一组，一发一垫或一扣一垫。距离由近到远，尽量将球垫到位。

（四）传球技术

传球是利用全身协调力量并通过手指、手腕的弹力去迎击球的一种技术动作，它在组织进攻、串联攻防中起纽带作用。传球的方式很多，有正面双手传球、背传、跳传、侧转、单手传等。这些传球动作是由准备姿势、迎球、击球、手型、用力五个动作部分组成的。触球时的手形是教学中的重点和难点，以下主要探讨正面双手传球。

1. 动作规格

根据来球迅速移动到传球合理位置，当球接近额前时，两手在脸前成半圆形，主动迎球；两拇指成"一"字形，食指、中指托住球的后下部，无名指、小指在球两侧辅助控球；触球瞬间，手指、手腕适当紧张，用手指、手腕的弹力和蹬地、伸膝、伸臂的协调力量，在额前上方约一球距离将球传出。

2. 练习方法

（1）徒手传球练习。两人一组徒手做传球动作，徒手模仿传球的蹬地、伸膝、伸臂，在额前上方用正确手形做推送动作。

（2）抛球练习。轻轻将球在额前抛起，在额前上方用正确手形将球接住，检查手形和击球点正确与否。

（3）自传练习。向上一高一低传球，体会传球手形和手触球部位。

（4）对墙传球练习。向墙上固定目标连续传球或自传一次再向墙上固定目标传一次。体会身体协调伸展及手的推送动作。

（5）平网对传练习。两人一组，平行站于网前，传高球和传平球交替进行。体会网前传球动作。

（6）网前移动传球练习。4人一组，4号位站一人，6号位站一人，2、3号位之间站两人，2、3号位传向4号位，4号位传向6号位，6号位传向2、3号位，2、3号位传球后跑到进攻限制线后，2人交替移动传球。体会实践中的移动传球动作。

（五）扣球技术

扣球是练习者跳起在空中，利用身体的爆发力和快速挥臂，最后以全手掌击球的一种技术动作。它是排球技术中最有效的进攻方法。扣球包括正面扣球、勾手扣球、扣快球等。在扣球动作环节中，选择好起跳点及起跳时机，保持好人与球的位置是扣好球的基础，挥臂击球是完成扣球动作的关键环节。起跳、击球是教学的难点。以下主要探讨正面扣球。

1. 动作规格

下面以右手为例进行探讨：

（1）助跑起跳。助跑起跳一般采用两步或三步助跑。两步助跑时，左脚先向球的落点方向迈出一步（方向步），紧接着右脚根据球的落点调整步幅，确定位置跨出一大步，同时左腿跟上，双脚落地后，立即用力蹬地起跳。起跳时，两臂由后经腹前屈向上猛摆，配合起跳。

（2）挥臂击球。起跳后，要挺胸展腹，上体稍向右转，右臂向上向后挥起，肘高于肩，左臂上摆在头前，身体呈反弓形。挥臂时，以迅速转体、提肩、收腹动作发力，带动肩、肘、腕各关节以鞭打动作向前上用力挥出，击球时，手呈勺形包满球，以掌心击球的后中上部。

（3）落地。双脚前脚掌先着地，再过渡到全脚掌着地，随势屈膝、收腹、缓冲落地。

2. 练习方法

（1）助跑起跳练习。听口令做两步助跑起跳练习。体会助跑、起跳的衔接和节奏。

（2）挥臂击球手法练习。徒手做扣球挥臂击球动作。一人双手执球于头上，另一人扣固定球。体会挥臂动作及手法、击球部位。

（3）原地对墙自抛自扣或原地自抛起跳扣球。两人相距6～7米，自抛起跳对扣。体会人与球的位置、起跳时机、挥臂击球动作。

（4）结合二传扣球练习。扣球人在限制线附近传球至二传处，由二传进行传球，扣球人用助跑起跳扣过来的球。巩固扣球的完整技术动作。

（六）拦网技术

拦网是队员在球网上拦阻对方击球过网的一种技术动作，它是一种具有进攻性的防御技术。拦网分为单人拦网和集体拦网。其技术动作由准备姿势、移动、起跳、空中击球和落地五个部分组成。起跳时间是否适时是关键，正确地确定起跳时间和起跳点是教学的难点。

1. 动作规格

（1）准备姿势和移动。拦网的准备姿势与一般的准备姿势不同。队员面对球网，距离 30 厘米，两臂分开与肩同宽，平行站立。两膝稍屈，上体稍前倾，两臂弯曲置于胸前。当判断出对方进攻点时，一般采用横向并步或交叉步迅速移动，并降低重心做好起跳准备。

（2）起跳。两脚用力蹬地，两臂在体侧前方画小弧用力上摆，带动身体垂直向上跳起。起跳后，稍微收腹，以便控制平衡和延长腾空时间。

（3）空中拦击。在身体腾空后，两手从胸前向头上方伸出，两臂向上伸直并有提肩动作，两手平行上举，尽量接近球。当手触球时，两手要紧张，手腕下压"盖帽"捂球。

（4）落地。拦网后身体要自然下落，先以前脚掌着地，随之屈膝缓冲身体落地力量，同时迅速做好下一个动作的准备。

2. 练习方法

（1）原地做拦网的徒手动作。体会手向上直伸拦球动作。

（2）教师站在高台上双手持球，学生轮流起跳拦网。体会起跳拦网动作。

（3）两人隔网相对站立，做向左（或右）移动一步起跳拦网。体会移动拦网动作。

（4）双人拦网移动起跳配合练习。2、4 号位网前各站一人，3 号位网前站两人。听口令后，两名 3 号位队员分别向左、右移动，与 2、4 号位队员配合拦网。

（5）扣、拦练习。教师在网前 2、3、4 号位扣球，队员轮流做拦网练习。

第三节　民族传统运动及其技术训练

一、毽球运动及其技术训练

毽球是在我国民间踢毽活动基础上发展起来的民族传统体育项目,是一项简便易行的健身运动。毽球的踢法技术主要有以下四种:①盘踢。盘踢是用脚内侧踢毽。动作为膝关节外张,大腿向外转动、稍上摆,髋关节和膝关节放松,小腿向上摆,踝关节发力,将毽子踢起。一般毽子高度不超过下颌。②磕踢。磕踢是用膝盖将毽子磕起(撞起)。动作为髋关节和膝关节放松,小腿自然下垂,膝关节发力,将毽子磕起。注意大腿不要外张或里扣,毽子高度一般不超过下颌。③拐踢。拐踢用脚外侧踢毽。动作为大腿放松,小腿发力向体后斜上方摆动,勾脚尖,用脚外侧将毽子踢起。踢毽时,注意大腿不得摆到体前,小腿向体后斜上方摆动不要过高,毽子和脚外侧相碰的一刹那,踢毽脚的内侧离地面一般不超过30厘米,踢起的毽子高度随意。④绷踢。绷踢又称"绷尖",是用脚尖外三趾部分踢毽,适合用于踢起即将落地的毽子。动作为大腿向前抬起,与上体成150°～160°,小腿向前摆动,髋关节、膝关节放松,踝关节发力,脚尖外三趾猛地向上用力,将毽子勾起。

二、抛绣球及其技术训练

绣球源于古代的一种具有投射功能的兵器,随着社会的发展逐渐演化为用来传情达意、娱乐身心、竞技强身的体育器材。抛绣球是壮族的传统体育项目之一,极具民族性和趣味性,已列入广西少数民族传统体育运动会的竞赛项目,同时也是全国少数民族传统体育运动会的表演项目。

抛绣球的比赛方法有高杆抛绣球和背篓抛绣球两种。高杆抛绣球需要运动员甩动绣球,使绣球穿过高杆顶部固定的竖直铁圈;背篓抛绣球需要运动员和队友默契配合，运动员远距离抛绣球，队友则背着竹篓接绣球。

抛绣球比赛所用的绣球由绸布或花布制成，直径为 5~6 厘米，内装细沙石，重约 150 克，连着一根长绳。

在高杆抛绣球比赛中，由裁判员发给运动员绣球。运动员练球 1 分钟后，分别站在两边的抛球区，听口令开始抛绣球。运动员投圈后，要飞快地去另一边的抛球区捡起自己的绣球再次投圈，中圈一次得 1 分。如果投球时运动员越出投球区或拿别人的绣球投圈则为犯规，犯规一次扣 1 分。

在背篓抛绣球比赛中，由裁判员发给运动员若干绣球。运动员站在抛球线后，听口令开始抛绣球，队友则积极跑动接绣球，中篓一次得 1 分。如果抛绣球运动员踩到抛球线或接绣球运动员越出接球区则为犯规，犯规一次扣 1 分。

三、打陀螺及其技术训练

打陀螺历史悠久，是一项深受人们喜爱的传统体育项目。在不同地域打陀螺的玩法有所不同，有的用鞭子连续抽打陀螺使之在冰面、平滑地面上不停地旋转，或相互碰撞，看谁旋得快，看谁旋得久；有的规定将陀螺旋放或抽到一定距离外的规定范围内，看谁放得准，看谁旋得久；有的先将一只陀螺旋放，然后其他人站在一定距离之外用旋转着的陀螺去击打它，看谁打得准，看谁旋得久；还有的用鞭子抽着陀螺上斜坡，或抽陀螺越过各种障碍，看谁先到达终点。

1995 年在云南昆明举行的第五届全国少数民族传统体育运动会上，打陀螺被列为正式比赛项目。比赛的方式主要是由云南拉祜族的对抗性打陀螺比赛改进而来的。具体的比赛方法是在一块平整的地面上设置放陀区和打陀区，守方将陀螺旋放于放陀区，待陀螺旋转稳定后，攻方站在打陀区扔出旋转的陀螺去击打放陀区的守方陀螺，最终将对方陀螺击停或砸出界外，而自身保持旋转者获胜。

四、跳竹竿及其技术训练

跳竹竿是我国少数民族传统体育项目，具有悠久的历史渊源和深厚的文化内涵，2006年被国务院列入第一批国家非物质文化遗产名录。它是一项不受场地限制，不分性别、年龄，可以集体参与的休闲娱乐运动项目。

跳竹竿技术主要由步法和摆臂技术动作组成，主要步法有进步、退步、踏步、点步、跨步、跳步、平摆步、平跳步；手臂动作主要有前后摆臂、左右摆臂、上下挥臂、摆臂击掌、两手叉腰、扶肩或扶腰等动作。跳竹竿技术动作必须根据敲竹竿组合节拍进行合理设计，做到跳竿节拍与跳竿节奏统一，上下肢体与躯干协调。

（一）敲竹竿

敲竹竿是指两名同学面对面相距4米左右，平坐、下蹲或跪于竹竿架正外侧，双手或单手持竹竿，听教师口令或音乐节拍，通过提、拉、开、合、碰、击等动作的交替组合，将手中的竹竿互碰和敲击竹竿架，发出铿锵清脆、整齐划一的竹竿敲击节奏声。

1. 握竿手法

敲双竹竿时双手握竹竿的外侧靠上部分，不能用手掌紧握竹竿，否则敲竿时会导致手指受伤，同时会影响敲击竹竿的节奏。

2. 敲竿方法

合敲时两竹竿应沿竹竿架平行内移，两竹竿轻轻合碰。分敲时沿竹竿架平行外移至间距40~50厘米，然后上下提竿轻敲竹竿架。提竿时竹竿比竹竿架高5~8厘米。提竿不能过高，竹竿间距不能过窄，否则会导致学生踩竿或勾脚，造成不必要的器材损坏或身体损伤。

（二）跳竹竿

1. 前后换脚跳

锻炼者站在两竿之间，随敲竹竿的开合节奏，双脚快速蹬地跳起，并在空中前后分腿（成剪刀叉），然后前后分腿落在两竿间，连续快节奏重复动作，双手叉腰或双臂前后摆动。

2. 内外合、分腿跳

锻炼者骑跨双竹竿站立，随敲竹竿的开合节奏，双脚快速蹬地跳起，并在空中快速并腿，然后双脚落在两竿间，接着双脚快速蹬地跳起，并在空中快速左右分腿，然后双脚落在两竿外成骑跨双竹竿动作，连续快节奏重复此动作，双手叉腰或双臂前后自然摆动。

3. 手拉手连续转圈跳

双人面对面手拉手，双腿骑跨竹竿，随敲竹竿的开合节奏，单腿依次蹬摆或双脚同时蹬地（按逆时针或顺时针）绕竿转圈蹬跳。

跳竹竿时注意前脚掌着地，身体随敲竹竿的节拍自然移动，身体重心不能靠后，脚后跟不能着地，以免影响动作节奏和锻炼效果。先练习跳单竹竿再练习跳双竹竿，先练习单人跳再练习多人或集体跳，先练习单动作跳再练习多动作组合跳。

第四节 健身健美运动及其技术训练

一、健美操运动及其技术训练

健美操是一项以有氧运动为基础，以健、力、美为特征，融体操、舞蹈、音乐为一体的身体运动。其既是健身美体、陶冶情操的大众健身方式，又是竞技运动的一个项目。健美操以其自身固有的价值与魅力风靡全世界，深受广大青年学生及群众的喜爱。

健美操的种类繁多，分类方法也各不相同。根据健美操练习目的的不同，其可分为健身健美操和竞技健美操两大类。健身健美操以健身为目的，旨在增强身体的力量和柔韧性，从而使身体强健；竞技健美操则以竞技为目的，有特定的比赛规则和评分方法，对人的身体素质、技术技能和艺术表现力有较高的要求。

(一) 健美操的手形

1. 五指并拢式

五指并拢式的手形：五指伸直，相互并拢。

2. 五指分开式

五指分开式的手形：五指用力伸直，充分张开。

3. 西班牙舞手势

西班牙舞手势：手指用力伸直，小指、无名指、中指自掌指关节处依次屈指，拇指稍内扣。

4. 芭蕾手势

芭蕾手势：五指微屈，后三指并拢，稍内收，拇指内扣。

5. 拳式

拳式的手形：握拳，拇指在外。

6. 推掌式

推掌式的手形：手掌用力上翘，五指自然弯曲。

7. 一指式

一指式的手形：握拳，食指伸直或拇指伸直。

8. 响指式

响指式的手形：拇指与中指摩擦，做打响指状，无名指、小指屈握。

(二) 身体各部位动作

1. 头、颈部的动作

头、颈部动作由屈、转、绕和绕环等动作组成。

(1) 屈：指头颈关节弯曲，包括前屈、后屈、左屈和右屈。

(2) 转：指头颈部绕身体垂直轴转动，包括左转和右转。

(3) 绕和绕环：指头以颈为轴心做弧形和圆形运动，包括左绕、右绕和左、右绕环。

头、颈部动作要求：做各种形式的头、颈部动作时，速度要慢，上体端正，头、颈移动的方向要准确，颈部被动肌群充分伸展。

2. 肩部的动作

肩部动作由提肩、沉肩、绕肩、肩绕环和振肩等动作组成。

(1) 提肩：肩胛骨向上运动，包括单肩提肩、双肩同时提肩和依次提肩。

(2) 沉肩：肩胛骨向下运动，包括单肩沉肩、双肩同时沉肩和依次沉肩。

(3) 绕肩：以肩关节为轴做小于360°的弧形运动，包括单肩向前、后绕，双肩同时或依次向前、后绕。

(4) 肩绕环：以肩关节为轴做360°及360°以上的圆形运动，包括单肩向前、后绕环，双肩同时或依次向前、后绕环。

(5) 振肩：固定上体，肩急速向前或向后摆动，包括双肩同时前、后振和依次前、后振。

肩部动作要求：①提肩时尽力向上，沉肩时尽力向下，动作幅度要大且动作有力；②绕肩时，身体不能摆动，双臂放松，头、颈不能前探，绕肩动作应连贯，速度均匀，幅度大；③振肩动作要有速度、力度和弹性。

3. 上肢（手臂）的动作

上肢（手臂）动作由举、屈、摆、绕、绕环、振和旋等动作组成。

(1) 举：以肩为轴，臂的活动范围不超过180°并停止在某一位置的动作，包括单臂和双臂的前举、后举和侧举，以及其他不同方向的举（如侧上举、侧下举等）。

(2) 屈：肘关节产生一定的弯曲角度，包括胸前屈、胸前平屈、肩侧屈、肩上侧屈、肩下侧屈、肩上前屈、腰间屈和头后屈等。

(3) 摆：手臂以肩或肘关节为轴，向身体各方向做钟摆式运动，包括单臂和双臂同时或依次向前、后、左、右摆。

(4) 绕：双臂或单臂向内、外、前、后做180°以上360°以下的弧形运动。

(5) 绕环：双臂或单臂以肩关节为轴，做360°及360°以上的圆形运动，包括向前、后、内的绕环。

（6）振：手臂以肩为轴，用力摆至最大幅度，包括侧举后振、上举后振和下举后振。

（7）旋：手臂以肩或肘为轴，做内旋或外旋动作。

上肢（手臂）的动作要求：①做举、屈伸动作时，肩应下沉；②手臂摆动时，起与落的动作要保持弧形；③上体端正，手臂到达的位置应准确，动作幅度要大，力达身体最远端。

4．胸部的动作

胸部动作由含胸、展胸和移胸等动作组成。

（1）含胸：两肩内合，缩小胸腔。

（2）展胸：两肩外展，扩大胸腔。

（3）移胸：髋部固定，胸部向左、右水平移动。

胸部动作要求：练习时应收腹，立腰。含、展、移胸的幅度要达到自身极限。

5．腰部的动作

腰部动作由屈、转、绕和绕环等动作组成。

（1）屈：下肢固定，上体沿矢状轴和水平轴运动，包括前屈、后屈、左屈和右屈。

（2）转：下肢固定，上体沿垂直轴扭转，包括左转和右转。

（3）绕和绕环：下肢固定，上体沿垂直轴做弧形和圆形运动，包括左绕、右绕和绕环。

腰部动作要求：①做腰部动作练习时，身体远端尽力向外延伸，绕环幅度要大，动作应充分而连贯，速度可放慢；②腰部前屈和扭转时，上体应挺直。

6．髋部的动作

髋部动作由顶髋、提髋、绕髋和髋绕环等动作组成。

（1）顶髋：髋关节急速地水平移动，包括前顶髋、后顶髋、左顶髋和右顶髋。

（2）提髋：髋关节做急速向一侧上提的动作，包括左提髋和右提髋。

(3) 绕髋和髋绕环：髋关节做弧形、圆形移动，包括向左、向右绕和绕环。

髋部动作要求：髋关节做顶、提、绕和绕环时，动作应平稳、柔和、协调，稍带弹性，上体要放松。

7. 下肢的动作

下肢动作由滚动步、交叉步、跑跳步、并腿跳和侧摆腿跳等动作组成。

(1) 滚动步：两脚交替做由前脚尖至全掌依次落地的动作。

(2) 交叉步：一脚向另一脚的前方或后方交叉行进。

(3) 跑跳步：在跑的过程中，摆动腿高抬，使原本摆动向前变为摆动向上，形成跳起落下再跳起的姿态。

(4) 并腿跳：双腿并拢，直膝或屈膝跳。

(5) 侧摆腿跳：单腿跳起，同时另一腿向外侧摆动。

下肢动作要求：跳跃要轻松自如，有弹性，注意呼吸的配合。

(三) 健美操的基本步法

1. 踏步

踏步指两脚交替不间断地做屈膝上提然后踏地的动作，包括脚尖不离地的踏步、脚离地的踏步和高抬腿的大幅度踏步。

2. 开合跳

开合跳指并腿跳至开立，分腿跳至并立。

3. 吸腿跳

吸腿跳指单腿跳起时，另一条腿屈膝向前、侧上提。

4. 踢腿跳

踢腿跳指单腿跳起时，另一条腿直腿向前方或侧方踢出，包括小幅度踢腿与大幅度踢腿。

5. 弓步跳

弓步跳指并腿跳起，落地时形成前（侧、后）弓步。

6. 弹踢腿跳

弹踢腿跳指单腿跳起时，另一条腿经屈膝向前方或侧方弹踢。

7. 后踢腿跳

后踢腿跳指两脚交替有短暂腾空过程（类似跑步），小腿向后屈。

健美操的基本步法要求：①踏步：脚落地时，由脚尖过渡到脚跟着地；屈膝时，髋微收；两臂前后自然摆动。②开合跳：分腿时，两腿自然外开，膝关节沿脚尖方向弯曲；跳起与落地时，屈膝缓冲。③吸腿跳：大腿用力上提，小腿自然下垂。④踢腿跳：踢腿时须加速用力，保持上体端正，同时立腰。⑤弓步跳：跳成弓步时，应把握好身体重心。⑥弹踢腿跳：大腿抬起至一定角度后，小腿自然伸直，膝关节稍加控制。⑦后踢腿跳：髋和膝在一条线上，小腿叠于大腿。

二、瑜伽运动及其技术训练

瑜伽是梵文 Yoga 的译音，指一种被称为"轭"的工具，用于驾驭牛马，由此而延伸出瑜伽的含义是连结、控制、和谐、统一和平衡等；也有著作将其解释为"克服"或"自我克服"之意。从广义上讲，瑜伽是哲学；从狭义上讲，瑜伽是一种精神和身体相结合的运动，是一种达到身体、心灵与精神和谐统一的运动方式。现代瑜伽主要是一系列修身养性的方法，包括调息的呼吸法、调身的体位法、调心的冥想法等。

（一）调息的呼吸法

呼吸是瑜伽的中心，无论冥想、体位法以及休息术都需要呼吸来配合，贯穿于整个练习过程中。瑜伽呼吸是指有意识地控制一呼一吸，使练习者达到某种状态，这种呼吸法是通过鼻腔，借助腹、胸、肩来进行的气息练习。

1. 腹式呼吸法

腹式呼吸是瑜伽中最重要的也是最基础的一种呼吸方法。腹式呼吸是通过加大横膈的活动、减少胸腔的运动来完成练习的。在呼吸的过程中要求胸腔保持不动，只感觉腹部随着一呼一吸在起伏。当长期坚持练习形成习惯之后，在日常的瑜伽练习与生活当中也会采用此方式进行呼吸。

（1）腹式呼吸的练习方法。①取仰卧或舒适的坐姿或站姿，可以将一手放在腹部肚脐处，放松全身，自然呼吸。②吸气，最大限度地向外扩张腹部，使腹部鼓起，胸部保持不动。③呼气，腹部自然凹进，向内朝脊柱方向收缩，胸部保持不动。最大限度地向内收缩腹部，把所有废气从肺部全部呼出来，这时横膈膜自然升起。④循环往复，保持每次呼吸的节奏一致，体会腹部的一起一落。

（2）腹式呼吸的作用。腹式呼吸可以有效地减去腹部多余的脂肪。

（3）腹式呼吸的注意事项。初学者在开始练习阶段很难体会到腹部的起伏，无须气馁，只要坚持练习，将意识集中在腹部，感受腹部的一起一落，通过一段时间的练习后就可以顺利掌握。

2. 胸式呼吸法

胸式呼吸是通过扩张和收缩胸腔并利用中间部位来完成呼吸的。呼吸同等量的空气时，胸式呼吸要比腹式呼吸需要更多的力气。在运动时或处于紧张状态下使用胸式呼吸较多。

（1）胸式呼吸的练习方法。①取仰卧或舒适的坐姿或站姿，放松全身，自然呼吸；②吸气，慢慢地、最大限度地向外、向上扩张胸部，腹部尽量不动；③呼气时，慢慢放松胸腔，感觉向下、向内收缩，腹部尽量不动，排出废气。

（2）胸式呼吸的注意事项。练习中，主要感受胸腔区域的扩展与收缩，腹部保持不动。

3. 完全呼吸法

完全呼吸法就是将腹式呼吸和胸式呼吸相结合的一种呼吸方式。

（1）瑜伽完全呼吸的练习方法。①取仰卧或舒适的坐姿或站姿，全身放松，脊柱尽可能伸直。②缓慢深长吸气，腹部像吹气球似的鼓起，随后也使胸部鼓起，双肩可略微抬高，使腹部和胸部扩张到最大程度，接着再慢慢呼气，腹、胸部随之呈反向运动。整个呼吸过程应和谐、流畅。③瑜伽完全呼吸法应包括吸气、屏息和呼气。

（2）瑜伽完全呼吸的作用。①瑜伽完全呼吸法增加了氧气的吸入量，使肺活量增大，活力和耐力有所增加；②经常练习，能预防和治疗感冒、哮喘等疾病，予以整个呼吸系统良好的刺激；③可以增进人体消化器官的活动，消除并治愈消化系统方面的疾病;④改善睡眠,缓解压力,消除紧张。

(3)瑜伽完全呼吸法的注意事项。整个呼吸过程应缓慢、顺畅和轻柔,一气呵成,好像波浪轻轻起伏,从下向上之后再从上而下,每一阶段不可分开来做。

4.调息法

瑜伽的"调息法"在梵语中用"Pranayama"表示,其中 Prana 的意思是"生命之气",Yama 则是"控制"的意思。瑜伽的调息法通过有规律地吸气和呼气,以及有意识地进行屏息,刺激和按摩所有的内脏器官,进而唤醒潜藏在体内的能量(生命之气),使之得以保存、调理和提升。

(1)清凉调息法。①取一坐姿舒适地坐下,保持头、颈、背部挺直,两手放于两膝上,全身放松;②将舌尖卷成一个小卷,放于两唇间;③通过这个小卷深深吸气,感觉到一股清凉的空气吸入腹部;④收进舌尖,闭上嘴,低头,屏息一会儿;⑤抬头,通过鼻孔将所有空气尽可能完全排出;⑥这样吸气、屏息、呼气反复20~30次。

清凉调息法的作用如下:第一,具有清凉、解渴之功效;第二,使神经安宁、心态平和,并放松全身肌肉;第三,净化血液,促进内脏活动,提高消化功能。

需要注意的是,患有低血压或呼吸系统疾病如哮喘、支气管炎者不要做此练习;心脏病患者练习时不要屏气;慢性便秘者不宜练习;冬天或天气过冷时都不要做此练习。

(2)蜂鸣式调息法。①以任何一种坐姿舒服地坐下,保持头、颈、背部挺直,闭上双眼,放松全身;②舌尖抵在上腭,保持面部放松,保持意识清醒;③慢慢用鼻子吸气,呼气时要缓慢发出低沉、平稳的像蜜蜂发出的蜂鸣声;④再次深深吸气,呼气时再次发出蜂鸣声,重复做几分钟。

蜂鸣式调息法的作用如下:①缓解压力及大脑紧张,减轻焦虑、失眠;②有助于体内组织的康复,可以在手术后练习;③对咽喉、扁桃体以及甲状腺问题也有帮助。

在运用蜂鸣式调息法时,要注意以下事项:①选择安静的练习场所;

②耳部疾病、心脏病患者练习时，不要屏气；③耳朵严重发炎或感染时不要练习。

5. 收束法

收束法，梵文 Bandha，意思是"扣牢""锁牢"，指紧压、收缩、控制身体特定器官及身体部位，以达到对能量的保护与约束。收束法的主要目的是防止能量散失，控制或锁住能量流动，保证能量准确到达目的地，不破坏其他神经系统或能量循环。

(1) 收颌收束法。①选择一种舒适的坐姿；②放松，闭上双眼，吸气，呼气；③闭息，头向前方弯，以鼻尖画弧，直至下巴紧紧抵着胸骨；④两肩稍向前耸一点，伸直双臂；⑤两手掌应紧压两膝；⑥保持这种姿势，直至不能舒适地闭息为止；⑦恢复的动作要缓慢，慢慢地仰起头部，慢慢地吸气，直至头颈部完全伸直；⑧这是一个完整的回合，每次练习不要超过 12 个回合。

收颌收束法对于人的肌体和心灵会产生较为广泛的效果，它使心搏减缓，对甲状腺和甲状旁腺有按摩作用，从而改进其功能，整个身体都会因为甲状腺功效增强而获益。收颌收束法有助于消除愤怒和紧张忧伤的心情，它通常与调息及其他的收束法一起练习，从而达到更好的效果。

需要注意的是，患有头颅内部压力（颅内压）症状和有心脏疾病的人只有经医生同意之后才可以做这个功法，而且还应非常小心。还有，当头部抬起或放下而构成收束姿势时，最好不要呼吸。当头部伸直时才能呼吸。

(2) 收腹收束法。①选择一种能使自身双膝稳固地贴紧地板上的瑜伽坐姿，两掌放在两膝上，放松；②彻底呼气，悬息，在悬息的同时，把腹部肌肉向内和向上收缩，尽量长久地保持这个姿势；③慢慢放松腹部肌肉，然后吸气，休息，直到感到有力量再做这个练习时为止。以上动作重复做 3～5 次。

收腹收束法的练习把横膈膜向胸腔提升，把腹部脏器推向脊柱方向，由于肠胃反复被抬高，并受挤压，这就产生了蠕动动作，这个动作可以刺激滞留在肠道中的废物，因此，这个收腹收束法对预防便秘和不规则的肠运动很有效；同时收腹收束法还能使腹腔内所有器官都受到按摩和刺激，使腹腔器官得到补养；收腹收束法也可以减少腹部脂肪。

需要注意，孕妇、患有心脏病、胃溃疡或十二指肠溃疡的人不宜练习收腹收束法。在饱腹时，不要做这种收束法。最好是在空腹时练习。

（3）大收束法。①保持舒适的坐姿，双膝紧贴地板，挺直头部和脊柱；②通过鼻子慢慢深吸气，接着深呼气，然后收颔、收腹，保持收束，但是必须在自己的能力范围内，若感觉有压力，就必须放松会阴、腹部、下颚，抬头后慢慢吸气。需要注意的是，在空腹的情况下才能练习此收束法；熟悉收颔、收腹后再练习该收束法；心脏病及高血压患者请勿练习。

（二）调身的体位法

瑜伽的"体位法"是指瑜伽练习中的一种重要元素，也被称为"阿斯亚纳"（Asana）。阿斯亚纳是瑜伽练习中的身体姿势或体位，通过这些姿势，练习者可以增强身体的柔韧性、平衡能力和力量，同时也有助于冥想和提高内心的平静。

瑜伽的体位法不仅有助于保持身体健康，还可以促进精神的平静和内在的平衡。不同的瑜伽流派和教师可能会强调不同的体位法，因此在瑜伽练习中，可以选择适合自己的体位法。常见的瑜伽体位法包括下狗式（Downward Dog），树式（Tree Pose），瑜伽坐姿（Lotus Pose）等。

瑜伽练习中的体位法通常需要在专业教练的指导下学习，以确保正确的姿势和安全性。在练习体位法时，呼吸控制是至关重要的，因为瑜伽强调通过深呼吸来帮助放松和集中心神。瑜伽体位法的练习既是一种有益的身体锻炼方式，也可以有助于提升身心的健康和平衡。

1. 下狗式

下狗式是一种常见的瑜伽姿势，也被称为"倒立的V形式"。要执行下狗式，您需要四肢着地，手掌和脚掌分别与地面平行，臀部抬高，形成一个倒置的V形状。这个姿势可以伸展腿部、臀部、腰部和肩部的肌肉，有助于增强核心稳定性和平衡。

2. 树式

树式是一种平衡姿势，要求将一个脚的底部放在另一条腿的大腿上，同时将双手合十在胸前或举过头顶。这个姿势有助于提高平衡、集中注意力和增强腿部肌肉。树式还有许多变化和深化的方法，可以根据个人的瑜伽练习水平进行调整。

3. 瑜伽坐姿

瑜伽坐姿，也被称为莲花式，是一种经典的瑜伽姿势。在这个姿势中，您需要将双腿交叉，将双脚放在对方的大腿上，双手放于膝盖上，手掌朝上或手指交叠。莲花式有助于增强臀部和腿部的柔韧性，以及提高坐姿的稳定性。这个姿势通常需要一定的柔韧性和练习才能达到。

（三）调心的冥想法

冥想是指身、心、灵合一后所进入的状态，是处于清醒与睡眠之间的一种状态，此时对外的一切意识活动停止，但潜意识的活动更加敏锐与活跃，从而获得深度宁静。

1. 冥想的坐姿

（1）莲花坐。莲花坐在瑜伽坐姿中最受赞叹，梵文莲花被视为美的象征。从瑜伽的角度看，这个姿势极为适宜于做呼吸和冥想练习。

莲花坐的动作方法：①双腿向前伸直，弯曲左膝，左脚放右大腿上；②双手搬右脚放左大腿上；③两只手手掌向上，大拇指和食指轻贴一起，成智慧手印，并轻放在双膝上，腰部伸直；④胸部自然挺起，下巴稍微抬起，深而慢地呼吸，双腿双膝尽量贴地。

因为莲花坐对双腿的柔韧性有较高的要求，所以并不主张初学者练习。身体产生剧烈疼痛时要停止练习，切忌急于求成。可以先从简易坐或半莲花坐开始。

（2）简易坐。简易坐是瑜伽坐姿中最容易掌握的姿势之一，适用于初学者练习。

简易坐的动作方法：坐下来，双腿弯曲，双腿交叉，闭上眼睛或目视前方，双肩放松，下巴稍往内收，腰背挺直，两手掌心向上，大拇指和食指指端轻触,轻轻放在双膝上。

简易坐需注意,腰背挺直,将内脏器官置于有益于健康的位置,如果感觉身体后倾或驼背,可以在臀部放一个垫子,使臀部与膝关节保持在一条水平线上,这样有利于脊柱保持正直。

(3) 半莲花坐。右小腿弯曲,并使右脚脚底板定在左大腿内侧,右膝弯曲,将左脚放在右大腿根处,脚心向上,腰背挺直,下颌收起,闭上眼睛或目视前方。手臂保持简易坐的姿势不变。半莲花坐需使头、脖子和身子保持在一条线上,双腿可交换练习,臀部紧贴地面。

(4) 至善坐。右膝弯曲,把脚后跟贴在会阴部。左脚放在右腿上,并把左脚尖塞在右腿弯曲处,右脚尖塞进左腿弯曲处。双手结智慧手印,轻放在双膝上。至善坐需腰背挺直,臀部紧贴地面。

(5) 悉达斯瓦鲁普坐。双手撑地,将身体抬起,把右脚放在左臀下方,右脚跟向上对着肛门部位。收缩肛门括约肌,身体慢慢放下,坐在脚跟上。左膝弯曲,左脚放在右大腿根部,将全身重量放在右脚跟上。双手结成智慧手印,轻轻放在双膝上。脚跟应顶住收缩的臀部,可以换腿练习。

(6) 英雄冥想姿势。端坐,右腿弯曲,右脚置于左臀外侧,脚跟贴近臀部处。右膝弯曲,放在左腿上方,调整右腿的位置,使两膝盖上下交叠。右手手心敷在右膝处,左手手心放在右手背上。英雄冥想姿势需腰背挺直,目视前方。在这个姿势中,身体大部分部位都接触了地面,所以容易保持长久。可换腿练习。

(7) 吉祥坐。弯起左小腿,左脚底顶住右大腿,弯起右小腿,把右脚放在左大腿和左小腿夹紧的部位。两脚趾应分别契入对侧大腿和小腿夹紧的部位。两手结成智慧手印,放在两大腿之间的空位处或放在两膝上。腰背挺直,臀部紧紧贴在地板上。

2. 冥想的手印

手印即修炼时手指结成的形态。练习瑜伽时每一个手指都象征着重要意义:小指是惰性、懒散、黑暗的象征;无名指是活力、动作、激情的象征;中指是纯洁、智慧、和平的象征;食指是个体心灵的象征;拇指代表无处不在的宇宙本体。食指和拇指的位置象征瑜伽的终极目的，是个体心灵与宇宙本体的结合。瑜伽中的手印大致分为以下八种：

（1）禅那手印。两手叠成碗状，将拇指尖相连。这是一种比较古典的手印，象征着一个盛满力量的容器。女性右脚和右手在上，男性左脚和左手在上。这样可以平和稳定精神。

（2）智慧手印。手掌向上，大拇指和食指轻贴一起，意味着大宇宙与小宇宙合一，即人与自然合一。另外三指或合拢或张开，但要伸直。

（3）秦手印。秦手印也称下巴式。手势手掌向下，大拇指和食指指端轻贴一起；作用与智慧手印相同。

（4）开放手印。五指并拢，拇指指端轻贴在食指的指根部。两手掌朝前，放在膝盖上。意味着全身心地接受宇宙中最纯净的气息。女性右脚在上，男性左脚在上。

（5）祈祷式手印。双手合十，放在胸前做成冥想的姿势，手掌之间要留一些空间。意味着身体和心灵的结合，大自然与人类的结合。有助于集中精神，活跃和协调左右脑，获得平和的心态。

（6）接触地式手印。伸出五指，手心向下放在膝盖上，意为借用大地作为智慧生活的见证。

（7）接受式手印。伸出五指，掌心向上放于膝盖上，代表着对于面前的任何事物都敞开胸怀。

（8）乌纱手印。双手十指交叉，每天练习5～15分钟，可以帮助清晨苏醒，还有助于向上提升能量，调节内分泌系统。

3. 冥想的方法

冥想的方法很多，在此分析以下常用的三种冥想法：

（1）呼吸冥想法。呼吸冥想是最简单的冥想技巧，把注意力集中到感觉和呼吸的节奏上，使呼吸渐渐变得慢而深沉。

第一，呼吸冥想的练习方法。①取一舒适的姿势，通过鼻子来呼吸，把注意力集中在呼气和延长呼气的时间上。只要不停地体会呼吸的感觉，就能把注意力集中在呼吸上，而且完全不会改变呼吸的方式。②在每一次呼气时，感觉自己正在释放所有的压力、思绪和情绪，特别是在呼完气，准备再吸气的那一刻。

第二，呼吸冥想的注意事项。练习过程中，在持续地吸气和呼气时，把注意力集中到鼻子、嘴、肺和腹部的感觉上。不要勉强给呼吸设定一个节奏，只要顺从它的频率和停顿就可以了。

第三，呼吸冥想的作用。对安定情绪和保持大脑清醒非常有效，能释放由焦虑和疑惑所引起的精神压力。

（2）语音冥想法。语音冥想是通过发音，如不断重复某些音节、词汇或短语等或者是听觉符号，以唤起内心深沉的情感及潜在的力量。语音冥想是所有瑜伽冥想方式中最安全、最流行、最经得住考验的一种练习方式。语音的类型有很多，可选用一种传统的崇拜语音，重复一个具有某种个人意义的赞颂，或一个感觉愉快的语音作为冥想时的语音使用，而且所有这些语音都可以使人尽快进入冥想状态。

第一，语音冥想的练习方法。①取舒适的坐姿，放松全身，保持脊柱挺直，调整好呼吸，深吸气。②呼气，以"O"开口，可促使手、上半身放松，再以"M"闭口音，腹部会自然充满力量。③持续、连贯地大声诵唱"O——M——"使声音的共鸣传遍全身。唱诵时，仔细体会全身心的感觉。可以唱诵三次后闭上嘴，不发出声音，在心里大声默诵，这一练习，对心灵的震动非常大，并能够使声音更加有力。④练习熟练后，心中会自然而然充满"OM"的声音，不用刻意地默唱或冥想。

第二，语音冥想的注意事项。在刚开始练习时，要实实在在地把声音发出来，这样能集中注意力。几分钟后，睁开眼，两腿伸直，休息一会儿再继续练习。

第三，语音冥想的作用。使大脑更加镇静，心情更加平和。有助于缓解压力，宣泄愤怒情绪，消除紧张和焦虑，对头痛、偏头痛、心脏病、高血压有好处；能提高身体的意识，对提高专注力非常有效。

（3）注目凝视冥想法。注目凝视冥想法是观察某一物体后，把印象刻在眉心的一种冥想法。练习时，可以盯住一支蜡烛的火苗，也可使用任何一个物体，如一块石头等。总而言之，物体越简单越好，这样思绪比较容易集中，注意力不容易分散。

第一，注目凝视冥想的练习方法。①把一根点燃的蜡烛放在距眼睛90厘米的前方，放松，脊柱挺直，眼睛稍微向下注视，注视的位置离身体不能太近也不能太远。②练习前先调整呼吸，直至感觉呼吸和心跳变得更慢、更连续时，再睁开眼睛，持续地、专注地盯着火苗，此时心神要集中，让火苗的印象完全吸引住练习者。想眨眼就眨眼，有眼泪就闭上眼睛。③两分钟后闭上眼睛，尽可能具体地在心里重现火苗的形象，想象那簇火苗就在眉心。在脑海里一直保留这幅画面，努力不让思想游移。④如果火苗形象开始淡化，就睁开眼睛，短暂地再盯一会儿，加深它的印象，然后再次练习。

第二，注目凝视冥想的作用。注目凝视法能清洁思想和身体，能提高视力和专注力。

思考与练习

1. 田径运动包括哪些项目？

2. 乒乓球运动中有哪些技术？

3. 瑜伽运动的训练需从哪些方面入手？

第五章　体质健康测试与体能训练

第一节　体质健康测试方法与标准

一、体质健康测试的方法

（一）身高测试

受试者赤足，立正姿势站在身高计底板上，上肢自然下垂，足跟并拢，足尖分开约成60°角，足跟、骶骨部及两肩胛区与立柱相接触，躯干自然挺直，头部正直，两眼平视，耳屏上缘与两眼眶下缘最低点呈水平位。测试人员站在受试者右侧，将水平压板轻轻沿立柱下滑，轻压于受试者头顶。测试人员读数时双眼应与压板水平面等高。读数以"厘米"为单位，精确到小数点后一位，测试误差不得超过0.5厘米。

测试身高时需注意以下方面：第一，严格掌握"三点靠立柱""两点呈水平"的测量姿势要求，测试人员读数时两眼一定要与压板等高；第二，水平压板与头部接触时，松紧要适度；第三，测试身高前，受试者不应进行体育活动和体力劳动。

（二）体重测试

受试者赤足，男性受试者身着短裤，女性受试者身着短裤、短袖衫，立正姿势站在测试仪的底板上。测试体重时要关注两个方面：第一，测量体重前，受试者不得进行剧烈体育活动和体力劳动；第二，受试者站在秤台中央，上、下秤时动作要轻，身体不要晃动。

（三）肺活量测试

肺活量是一次呼吸时的最大通气量，在一定程度上反映了肺的通气功能水平。测试肺活量时，"受试者面对测试仪站立，手持握柄，进行一两次较平常深一些的呼吸动作后，深吸一口气，以中等速度和力度向吹嘴呼气，直到不能呼气为止"①。肺活量的大小取决于呼吸肌的力量、肺和胸廓的弹性等。肺活量与体重的比值为肺活量指数，是反映肺通气能力的常用指标，其值越大，说明呼吸系统的机能越好，是基础体能测试中的一项常用指标。

正常成年人肺活量的平均值，男性为 3500～4000 毫升，女性为 2500～3500 毫升。中国青少年肺活量指数正常值范围为：男生 63.2～68.9，女生 55.5～59.5。

肺活量和体重指标都可以通过体育锻炼得到改善，最终表现为肺活量指数的升高。此外，体重增加而肺活量未得到提高，肺活量指数会下降，说明呼吸系统的机能也降低了。

（四）心血管系统机能测试

心血管系统是由心脏和血管组成的闭合管道，其功能反映一个人的发育水平、体质状况与运动训练的水平。对心血管系统机能进行测试在一定程度上可以反映体能的状况，常用心率和血压来进行评价。

1. 心率测试

心率是每分钟心脏搏动的次数，以次/分表示。正常人动脉脉搏频率和心跳频率一致，因此，可用测量脉搏频率来表示心率。作为循环系统机能状况的一个指标，心率可反映心脏机能的工作状况。常用的心率指标主要有基础心率、安静心率、运动中心率和运动后心率。

心率测定的方法有心音听诊法、指触法和心率遥测法。指触法通常可以测定的部位有颈动脉、桡动脉和肱动脉。每次测 10 秒，乘以 6 即是 1 分钟的心率数。

---

① 杜志锋. 体育与健康 [M]. 北京：北京理工大学出版社，2019：47.

2. 血压测试

血压指血液流动时对血管壁所造成的侧压力，一般指体循环中的动脉血压。在一个心动周期中，心室收缩时动脉血压上升达到的最高值称为收缩压，心室舒张时动脉血压下降达到的最低值称为舒张压，收缩压与舒张压的差值称为脉压。

人体动脉血压测量一般采用听诊法，测量部位为上臂肱动脉。用血压计的压脉带充气，通过在动脉外加压，根据血管音的变化来测量血压。正常人安静时动脉血压较为稳定，变化范围较小，收缩压为90～139毫米汞柱，舒张压为60～89毫米汞柱，脉压为30～40毫米汞柱。通常，运动员的收缩压在正常值水平，舒张压在正常值的下限范围，血压为95～115/55～75毫米汞柱。

（五）代谢机能测试

体能与机体的代谢能力有关，代谢能力的大小归根结底取决于能量的供给与利用能力，其中ATP（腺苷三磷酸）的合成与利用是关键。根据运动时骨骼肌ATP合成和利用的途径，可将机体的代谢系统分为无氧代谢系统和有氧代谢系统。无氧代谢能力主要指磷酸原供能系统和糖酵解供能系统的供能能力；有氧代谢能力和机体转运氧和利用氧的能力有关。因此，对体能的测试离不开对机体代谢能力的测试。

1. 无氧代谢能力测试

无氧代谢能力指机体在磷酸原和糖酵解供能条件下的做功能力，通常可以在实验室通过各种测功器械，对运动员整体做功能力进行综合评价。根据磷酸原和糖酵解供能系统供能的特点，测试时要求在不同的时间内达到相应的最大运动强度。通常利用最大输出功率、平均输出功率、疲劳指数等指标来评价无氧代谢能力的大小。

2. 有氧代谢能力测试

有氧代谢供能是机体长时间运动时主要的供能方式，主要与低强度、中等强度或亚极量强度运动，且超过2～3分钟以上的运动项目有关。有氧代谢供能能力的大小可以通过测试乳酸阈等指标来反映，主要方法如下：

（1）乳酸阈测试。乳酸阈是指在递增负荷运动时由有氧代谢供能到大量动用无氧代谢供能的临界运动强度，反映了长时间运动中血乳酸保持稳态水平时的最大有氧代谢能力，此时血乳酸释放入血的速度等于血乳酸最大消除速率。通常用血乳酸浓度达 4mmol/L 时所对应的摄氧量、功率或运动速度来表示。

乳酸阈的测定方法很多，一般都是以乳酸－功率曲线为原理，采用逐级递增负荷方法测定。起始负荷和递增负荷的大小取决于运动员的性别、年龄和训练程度。例如，跑台的起始负荷，一般无训练者为 2.5 米/秒，中等训练水平的男子或具有高度耐力训练的女子为 3.0 米/秒，高水平耐力训练的男子 3.5 米/秒。在安静状态以及每次负荷后即刻准确取血测定血乳酸浓度。以功率为横坐标，血乳酸浓度为纵坐标，将各负荷后的血乳酸值在相应点上标记，并连成一条曲线。取对应于 4mmol/L 血乳酸浓度的功率值为乳酸阈功率。乳酸阈处对应的跑速越快（或功率越大），则有氧能力越强。当运动员有氧运动能力提高后曲线会右移。

除了在坐标纸上画出乳酸－功率曲线的方法外，还可以采用内插法求出乳酸阈值。取血乳酸接近 4mmol/L 前后的两级功率或跑速 v_1、v_2，所对应的血乳酸值分别为 LA_1 和 LA_2，代入公式：乳酸阈 =（$v_1 - v_2$）（4－LA_1）v_1/（$LA_2 - LA_1$），所得值为乳酸阈值。乳酸阈处对应的跑速越快（或功率越大），则有氧能力越强。

由于在完成运动负荷时，每个人都具有不同的血乳酸动力学变化特点，因此，个体乳酸阈的测定可以更客观地评价不同运动员个体有氧代谢能力的差异与优劣。如图 5-1 所示，个体乳酸阈的测定采用蹬功率自行车逐级递增负荷的形式，起始负荷为 50W，每 3 分钟递增 50W，一般递增不超过 6 级。分别采取安静时、各级负荷后即刻及恢复期第 2、5、8、10、15 分钟的血样测定血乳酸，在坐标纸上画出乳酸动力学变化曲线，最后一级负荷后即刻的血乳酸值定为 A 点，由 A 点作水平线与恢复期曲线相交于 B 点，再由 B 点向负荷曲线作一条切线，切于 C 点。C 点所对应的纵坐标为个体乳酸阈乳酸浓度，对应的横坐标为个体乳酸阈强度。采用个体乳酸阈值的测定方法，不

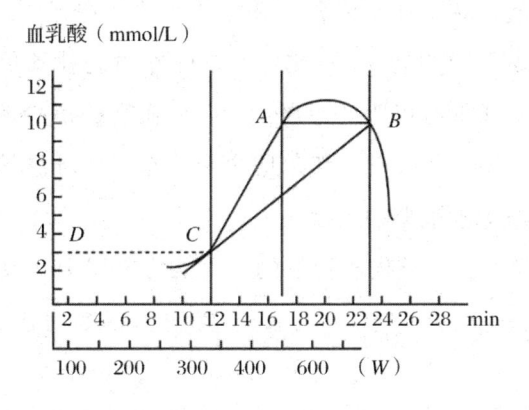

图 5-1　个体乳酸阈测定示意图

仅可以根据运动员个体选择最佳训练强度和训练计划，也有助于专项选材。乳酸阈较 VO_2max 能更客观、更好地反映运动员的有氧代谢能力。一般 VO_2max 高的运动员乳酸阈值也高，在较长时间的耐力运动中，乳酸阈强度比 VO_2max 更能预测运动成绩，因为比赛时跑速非常接近乳酸阈强度。而较短时间的有氧运动强度，实际上超过了 VO_2max 强度，此时用 VO_2max 表示已没有意义。可以确定，经系统训练后，运动后乳酸升高的幅度下降，而 VO_2max 变化则较小。所以使用乳酸阈比 VO_2max 更具实用性和科学性。

(2) 12分钟跑推算测试。12分钟跑测试是指让受试者全力跑12分钟，测量跑的距离，根据12分钟跑的成绩推算 VO_2max。一般从事耐力项目运动员的 VO_2max 比其他项目运动员要高。测试前受试者要充分做好准备活动，在跑的过程中尽量快跑，但在开始和结束时，应避免全速跑和冲刺跑。

可通过下面的公式来评价受试者的 VO_2max：

$$VO_2max\ (ml/kg \cdot min) = 35.97s - 11.92$$

s 为所跑的距离，单位为千米。在测定 VO_2max 时，要求全身各器官系统尤其是心肺功能充分动员，尽可能多的肌群参与运动，功率输出达到最大。当有氧代谢系统达到最大供能状态时，已经有相当多的糖酵解参与供能，血乳酸可达 9mmol/L 以上，平均血乳酸浓度范围是 9~12mmol/L，未见明显的专项特点。因此，血乳酸可以作为 VO_2max 测定的辅助指标。先测安静时的血乳酸值,然后让受试者在做准备活动后进行 12 分钟跑,记录 12 分钟的最大跑步距离和跑后 3、5、10、15 分钟的血乳酸值,用跑距和血乳酸值来综合评价。评价时以跑的距离长、跑后血乳酸消除速度快,是有氧代谢能力强、机能状态好的表现;跑的距离短、跑后血乳酸消除速度慢,是有氧代谢能力差、训练水平低的表现。

VO_2max 值代表机体整体利用氧的最大能力。耐力运动员随着运动成绩和有氧代谢能力的不断改善,VO_2max 值增大,其对应的血乳酸值出现下降。

人体进行有氧耐力运动时,VO_2max 反映机体呼吸、循环系统氧的运输工作的能力。VO_2max 是有氧耐力的基础,其值越大,有氧耐力水平越高。VO_2max 可以用于有氧工作能力的评价和耐力运动员的选材。

(六)核心力量测试

在竞技体育中,任何项目的教练员和运动员都在寻求最有效的训练方法与手段。对核心力量训练效果也同样需要一个准确的评价手段,这对每一个阶段训练计划的制订和准确评价一个运动员进行核心力量训练后机体能力的变化,能提供有力的参考。核心力量测试的主要内容包括腰腹肌力量的大小,以及保持屈伸稳定、核心稳定和旋转稳定性的能力。核心力量的测试不仅可以帮助教练员和运动员发现弱势肌群,评价运动员的核心稳定状态,还可以让教练员了解运动员实际的运动状态,便于合理制订训练计划和训练任务。

1. 俯卧撑测试

(1)俯卧撑测试方法。俯卧,双脚并拢,双手分开略比肩宽,躯干和膝关节均着地。男运动员的拇指与头顶在同一平面上,女运动员的拇指与下颌成一条线,练习者向上撑起,整个身体同时抬起。该方法仅是对普通人群的基本测试,或对伤病康复的判断。

(2)俯卧撑评价标准。要求整个身体平直,没有塌腰拱背动作,两臂、肩平衡用力。

(3)俯卧撑优秀标准。在规定姿势下很好地完成动作 1 次。

(4) 俯卧撑合格标准。在降低难度的姿势下完成动作 1 次。

(5) 俯卧撑不合格标准。在降低难度的姿势下无法完成动作。

2. 八级腹桥测试

(1) 第一级测试。俯卧支撑 60 秒（双手双脚着地，手指朝前、身体平直、手臂伸直）。

(2) 第二级测试。俯卧支撑抬左脚 15 秒。

(3) 第三级测试。俯卧支撑抬右脚 15 秒。

(4) 第四级测试。俯卧支撑抬左手 15 秒。

(5) 第五级测试。俯卧支撑抬右手 15 秒。

(6) 第六级测试。俯卧支撑抬右脚左手 15 秒。

(7) 第七级测试。俯卧支撑抬左脚右手 15 秒。

(8) 第八级测试。回到一级姿势 30 秒。

上述测试标准的对象为成年男子，优秀选手或者专门训练者可以达到 8 级。小学生、中学生和女子在测试中可降低难度，将俯卧支撑姿势换成膝关节着地的跪姿 8 级腹桥测试。此外，也可以降低动作难度，采用俯卧肘支撑的 8 级腹桥测试。

3. 七级背桥测试

(1) 第一级测试。T 型背桥。动作要领：两臂侧平举贴于地面，与身体成 T 形。向上顶起髋部，大腿小腿约成 90°，脚跟着地，勾脚尖。时间可参照腹桥标准。

(2) 第二级测试。双手合十向前（上）。

(3) 第三级测试。右腿髋屈膝伸勾脚尖。

(4) 第四级测试。左腿髋屈膝伸勾脚尖。

(5) 第五级测试。右腿外摆 45°。

(6) 第六级测试。左腿外摆 45°。

(7) 第七级测试。回到 T 型背桥（同第一级）。

4. 六级侧桥测试

(1) 第一级测试。侧卧，肘支撑，两脚前后开立，与支撑手臂成三点支撑，非支撑手臂侧平举（向上），髋部保持中立位置，不下沉。时间可参照腹桥标准。练习时可直臂支撑以增加难度。

（2）第二级测试。两脚相靠。

（3）第三级测试。非支撑腿外展。

（4）第四级测试。非支撑腿屈髋45°。

（5）第五级测试。非支撑腿伸髋45°。

（6）第六级测试。两脚相靠。

之后，换另外一侧进行测试。

5. 侧卧支撑测试

侧卧支撑测试方法为侧卧于垫上，以前臂和脚支撑，身体成一条直线，根据支撑时间来进行评价。主要用于普通人测试。

（1）大学生侧卧支撑测试评价标准：①优秀——在规定姿势下能够很好地坚持60秒；②良好——在规定姿势下能够坚持40秒；③及格——在规定姿势下能够坚持20秒；④不及格——不能在规定姿势下完成动作并坚持20秒。

（2）中学生评价标准：①优秀——在规定姿势下能够很好地坚持40秒；②良好——在规定姿势下能够坚持20秒；③及格——在规定姿势下能够坚持10秒；④不及格——不能在规定姿势下完成动作并坚持10秒。

（3）小学生评价标准：①优秀——在规定姿势下能够很好地坚持15秒；②良好——在规定姿势下能够坚持10秒；③及格——在规定姿势下能够坚持5秒；④不及格——不能在规定姿势下完成动作并坚持5秒。

（七）功能性训练测试

1. 功能性动作测试

功能性动作测试（FMS测试）又称为功能性动作筛查，是在20世纪90年代设计出来的。它是一种通过基本动作模式来预测运动风险的筛查系统。此方法通过测试受试者的功能性动作、神经肌肉系统控制等方面表现出的稳定性和灵活性，以及在运动过程中潜在的动作补偿问题，来判断机体运动链的完善，降低运动过程中存在的风险。FMS测试的每个测试动作都有严格的评分标准,评分分为 3 分、2 分、1 分、0 分四个等级,累积分值为 21 分(单侧),低于 14 分说明受试者受伤的风险要高于正常人 15%～51%,须引起重视,进行矫正训练。

作为一种革新性的动作模式质量评价系统,FMS 简便易行,可以广泛用于各种人群的基础运动能力(灵活性和稳定性)评价。

功能性动作测试,反映的是人体的基本运动能力。通过深蹲、跨栏架、旋转等基本动作模式的测试,可以发现在完成基本动作时人体各环节、部位的局限性因素或均衡性问题,测试结果可以作为制订运动训练计划的依据。在进行测试时,要求受试者严格按照动作要领做出规定动作,最大幅度地完成运动。测试动作虽然简单,但可以判断受测者在动作的控制、稳定等方面的表现。如果受测者的稳定性、灵活性不足,身体某些部位不平衡,他的薄弱环节就会充分表现出来。功能性动作测试的动作名称和目的具体见表5-1。

表 5-1　功能性动作测试的动作名称和目的

动作名称	测试目的
深蹲	评价肩胛区、肩关节、胸椎的灵活性和稳定性
跨栏架步	评价双踝、双膝、髋部两侧的灵活性和稳定性
直线弓箭步	评价背阔肌、股直肌的灵活性及髋、踝、脚的灵活性和稳定性
肩部灵活性	评价肩关节、肩胛骨的灵活性以及胸椎的伸展性
主动直膝抬腿	评价小腿后侧肌群和异侧大腿后侧肌群的灵活性
躯干稳定俯卧撑	评价上肢力量的大小及核心稳定性
躯干旋转稳定性	评价上下肢运动时骨盆、核心部位及肩带的稳定性

即使高水平竞技运动员也不一定能完美地完成这些简单的动作。有些人在完成这些测试时,使用了代偿性的动作模式。如果以后他们继续使用这种代偿性动作,客观上就会强化这种错误的动作模式,最终会使动作的运动生物力学特征非常差,甚至造成受伤。要注意这类测试只能判断人的功能性动作情况,并不能直接反映运动能力。

(1)深蹲测试。若想成功地完成这一动作,运动员需要良好的骨盆结构、踝关节闭合运动链背屈、膝关节的弯曲、胸脊的伸展以及肩关节的弯曲和外展。各个动作都可以根据表现进行打分，具体见表 5-2。

表 5-2　功能性动作测试评分标准

分数	评分标准
3	准确地完成某个动作测试
2	具有能够完成某个动作的能力，但是不够准确或需要一些补偿
1	不能完成某个动作的测试
0	测试过程中被测试者出现疼痛

（2）跨栏架步测试。跨栏架步这一动作需要受测者髋部与躯干在完成踏跳动作时具有正确的协调性和稳定性，同时也要有单腿站位的稳定性。跨栏架测试可以评估髋关节、膝关节与踝关节双侧功能的灵活性和稳定性。完成踏步测试时，需要支撑腿的踝关节、膝关节和髋关节表现出稳定性，以及髋关节闭合运动链的最大扩展性。同时，要求踏步腿踝关节开放运动链的背屈以及膝关节和髋关节的弯曲能力。受测者需要表现出足够的动态平衡能力。

（3）直线弓箭步测试。直线弓箭步筛查所采用的动作姿势主要是模拟旋转、减速和侧向的动作。直线弓箭步测试中，下肢呈绞剪姿势，这时身体躯干和下肢扭转，保持正确的连接。用于评估躯干、肩部、髋和踝关节的灵活性与稳定性、股四头肌的柔韧性和膝关节的稳定性。受测者要想较好地完成这一动作，需要后腿（站立腿）踝关节、膝关节和髋关节以及相关闭合运动链的稳定性。同时也需要前跨腿（踏步腿）髋关节的灵活性、踝关节的背屈能力。由于受测者要进行扭转动作，因此必须具有足够的稳定性。

（4）肩部灵活性测试。肩部灵活性可评估双侧肩的运动范围，以及内收肌的内旋和外展肌的外旋能力。完成规定动作时，需要正常的肩胛骨灵活性和胸椎的伸展，以及外展/外旋、弯曲/伸展与内收/内旋组合动作时肩部的灵活性和肩胛与胸椎的灵活性。

（5）主动直膝上抬腿测试。通过主动直膝上抬腿可以测试在躯干保持稳定的情况下,下肢充分分开的能力。通过测试可以评价在盆骨保持稳定、对侧腿主动上抬时,腘绳肌与腓肠肌、比目鱼肌的柔韧性。若要较好地完成这一动作,需要受测者的腘绳肌具有良好的柔韧性,与一般测试的被动柔韧性不同,该测试也能反映运动员对侧腿髋关节灵活性以及腹下部肌肉的稳定性。

(6) 躯干稳定俯卧撑测试。俯卧撑是一个简单的动作,但从功能性的视角来看,俯卧撑可以从前后两个维度反映运动员维持脊柱稳定性的能力。俯卧撑是上肢的闭合运动,上肢和肩部做对称性动作,躯干在矢状面上维持稳定。在人体完成的众多动作中,都需要躯干保持足够的稳定,使力量在上肢和下肢、左侧和右侧的传递过程中保持均衡,以减少损失。如果在做俯卧撑动作时,躯干稳定性欠缺,力量在传递过程中就会减弱,导致功能性表现下降,也反映出某部位存在伤病的隐患。

(7) 躯干扭转/旋转稳定性测试。躯干扭转/旋转稳定性的动作比较复杂,需要受测者有良好的神经肌肉协调能力,以及将力量从身体的某一部分转移到另一部分的能力。该测试用以评价在上下肢同时运动时,躯干在多个维度上的对称稳定性。

FMS 是一项评价技术,它通过测试功能性动作来发现受测者灵活性与稳定性方面的不平衡。这种评价技术可以放大受测者动作补偿的问题,从而使人们更容易发现问题。也正是这些动作上的瑕疵会导致运动链系统出现故障,并使受测者在活动时动作效率不高,并有受伤的风险。通过查明与本体感觉相关的、灵活性与稳定性等方面的功能性问题,可以减少运动发生损伤的可能性,并通过针对性的训练来提高运动表现。

2. 选择性功能动作测试

与 FMS 动作筛查不同,选择性功能动作评价主要是通过人体做动作时出现的疼痛,来反映可能的不良性功能。选择性功能动作是多种多样的,通过各种动作来激发各种疼痛和功能不良的出现,它的目的不是反映动作是否完善,而是要找出可能存在的缺陷,寻找动作模式链中最薄弱的环节。这一点非常重要,因为通常运动员的伤病产生是一个积累的过程,早期往往很难感觉和发现。而选择性功能动作评价就提供了一个发现可能导致伤病隐患的机会，利于完整地认识人体的功能状态，建立系统的动作行为观念。选择性功能动作评价标准具体见表5-3。

表5-3 选择性功能动作评价标准

级别	功能和症状
FN	功能或动作模式正常，无痛
FP	功能或动作模式正常，疼痛
DP	功能不良或动作模式受限，疼痛
DN	功能不良或动作模式受限，无痛

与功能性动作筛查相比，选择性功能动作评价的标准和分级是完全不同的，不是按功能性筛查的3、2、1、0来进行动作分级，而需要根据疼痛和动作质量两个变量之间的相互作用（即FN－FP－DP－DN四种模式）来进行分级评价。

（八）运动体能的测试

运动体能与身体素质有关，身体素质是运动体能的外在表现。身体素质也称身体适应性，是指人体在运动过程中所表现出来的速度、力量、耐力、灵敏、柔韧、平衡、协调等机能能力的总称，是人体各器官系统的机能在肌肉工作中的综合反映。这种机能能力不仅与人体解剖、生理特点有关，而且与锻炼程度、营养状况也密切相关。它是掌握运动技术、提高锻炼效果的基础。身体素质是决定运动体能的重要基础，目前的体质测试基本与运动体能测试类似。下面主要阐述速度、力量、耐力、柔韧和灵敏素质的测试。

1. 速度测试

速度是指人体进行快速运动的能力，包括人体对外界信号刺激做出快速反应、快速完成动作以及快速位移的能力。因此，速度素质包括反应速度、动作速度、位移速度。反应速度是指人体对各种信号刺激（声、光、触等）快速应答的能力；动作速度是指人体或人体某一部分快速完成某个动作的能力；位移速度是指人体在特定方向上快速移动的能力。影响速度的因素是多方面的,如肌肉的力量、肌纤维类型、中枢神经系统的机能状态、条件反射的巩固程度、年龄、性别、体形、柔韧性及协调性等。因此,对速度素质的测试通常包括反应速度、动作速度、位移速度能力的测试。

(1) 反应速度测试。反应速度的测试通过测定反应时来进行,用突然发出的信号来统计运动员对简单信号的反应能力。反应时是指从机体接受刺激到做出应答所需要的时间,也叫反应的潜伏期,是指从刺激开始呈现到做出反应之间所经历的时间。反应时的测定方法主要有对光、声反应时,即视觉和听觉反应时的测试。在实验内容上有复杂反应时与简单反应时两大类,其中复杂反应时又包括选择反应时、辨别反应时等的测试。简单反应时主要有光反应时测试、手反应时测试、全身跳跃反应时测试等。下面以光反应时和全身跳跃反应时测试步骤为例进行阐述。

第一,光反应时测试。光反应时测试是利用仪器检测受试者机体视觉反应时的快慢,具体测试步骤:①打开电源,待仪器所有灯熄灭,屏幕数字显示 0.000 后,可按键开始测试。②受试者按"启动"键在 0.5~3 秒后(该时间任意变化)反应及时按 1~5 号中任一键,发光有音响,这时食指离开"启动"键(即受试者按"启动"键后信号发出到食指离开"启动"键的时间)。这段时间表示简单反应时(第一个反应时间)。③LED 显示简单反应时,同时受试者食指以最快速度按向给出信号的键,一旦食指按下键,灯光信号随时停止,LED 显示综合反应时(第二个反应时间)。④上述②③步骤连续操作 5 次后,按"功能"键,出现的第一组数据显示的是简单反应时的平均值,再按一次"功能"键,显示综合反应时的平均值,再按一次"功能"键,结束本次测试。

第二,全身跳跃反应时测试。测试全身跳跃动作时的反应时。具体测试步骤:①受试者站在跳台上,膝关节微屈;②以光或音响为信号,当接受指令后尽可能快地垂直跳离跳台;③用表面电极法记录受试者的小腿肌电图,通过示波器记录从信号到肌电图发现的时间(反应开始时间),从信号到脚离开跳台的时间(全身反应时);④连续测量 3 次,取其平均值,以毫秒为单位记录。

一个完整的反应过程由五部分组成：①感受器将物理或化学刺激转化为神经冲动；②神经冲动由感受器传到大脑皮质；③大脑皮质对信息进行加工；④神经冲动由大脑皮质传到效应器；⑤效应器做出反应。因此，通过反应时的测试可以评价反应速度的快慢。

（2）动作速度测试。动作速度是指人体或人体的某一部分完成单个动作或成套动作的快慢以及单位时间内重复动作次数多少的能力。这往往寓于某一个技术动作之中，如抓举的动作速度、跳跃起跳的动作速度、游泳转身的动作速度等，所以动作速度的测量是与技术参数测定联系在一起的，例如，测量出手速度、起跳速度、角速度、加速度等。下面以两手快速敲击和坐姿快速踏足为例进行探讨。

第一，两手快速敲击。测量受试者两手快速交替重复特定动作的能力。调节金属触板与髂嵴同高。受试者站在测试台前，两手各持一根金属棒，食指按住棒的前端。听到信号后，两手快速交替敲击金属触板，记录计时器的数值（10秒内重复动作的次数）。测3次，每次测10秒，取最好成绩。敲击次数越多，受试者的动作速度越快。

第二，坐姿快速踏足。测量受试者两脚快速交替重复特定动作的能力。受试者坐在快速动作频率测试车车鞍上，两手扶车把，大腿呈水平状，膝关节屈曲90°，两脚快速上下交替做踏足动作，记录计时器的数值（10秒内重复动作的次数）。测3次，每次测10秒，取最好成绩。踏足次数越多，则受试者的动作速度越快。

（3）位移速度测试。位移速度通常采用短距离的极限强度跑来进行测试。常采用定距计时或定时计距的方法来测量，定距计时要求跑的距离不要过长，可用30～60米的距离。可测定2～3次，取最好成绩。定时计距可用4秒或6秒冲刺跑等方法来进行。测试时要在受试者不疲劳、神经兴奋性高的状态下进行。也可以测试绝对速度，即不从起跑计时，而测定以最高速度跑过某段距离的能力，预跑距离在10～15米之间。

第一，30米跑。30米跑主要测试受试者快速跑动的能力。受试者采用站立式起跑,听到发令声后快速跑向终点,记录成绩。测 2 次,取最好成绩。50 米、60 米跑测试同 30 米跑测试的要求一样。

第二,4 秒或 6 秒冲刺跑。受试者站立于起跑线,可采用任意方式起跑。听到发令声后快速跑动,当听到停跑声后立即停止跑动,记录受试者所跑动的距离。测 2 次,取最好成绩。

2. 力量测试

力量是指人体神经肌肉系统在工作时克服或对抗阻力的能力。力量素质可分为最大力量、快速力量、相对力量、爆发力、力量耐力等。根据肌肉收缩的形式可分为等张性力量和等长性力量。力量是反映人体运动能力的重要指标。

(1) 最大力量测试。最大力量既可在静态条件下测定,亦可在动态条件下测定。这种方法的优点在于,当器械以各种不同速度运动时都可以表现出最大力量。最大力量测试具体如下:

第一,握力测试。测量受试者臂部、手部肌肉的力量。具体测试步骤:①握力计指针调至零点。受试者手持握力计,转动握距调整螺丝,使中指第二关节屈成 90°时为最佳握距。②测试时,受试者两脚自然分开(约一脚距离),身体直立,两臂自然下垂,持握力计的手掌心向内,握力计的指针向外。用全力握住握力计的内、外柄。每只手握 2 次,分别记录最好成绩。取最好成绩与自身体重的比值为握力指数(握力/体重)。注意在用力抓握的过程中,上肢和躯干保持垂直于地面。

第二,背肌力测试。测量受试者背部肌肉的力量。具体方法为:受试者双足站在背力计的底盘上,调节拉杆高度(拉杆高度与受试者膝盖上缘平齐)。受试者上体前倾,双手正握拉杆,身体用力上抬。注意拉时膝关节保持伸直,不要猛然用力。测 2 次,记录最佳成绩(千克),然后使指针回零。

第三,卧推测试。卧推主要用于最大等张肌肉力量的评价,通常以能够一次成功举推的最大重量,即 1 次重复重量(1RM)的大小表示。测试过程中,卧推的起始重量通常低于 1RM 重量,在成功完成该负荷的测定后,休息 2~3 分钟,继续推举新的重量直至 1RM 重量。一般情况下,每次增加重量的幅度不要超过 2.5 千克。具体步骤见表 5-4。身体其他部位、下肢最大力量（半蹲）的测试遵循同样的方式。

表 5-4 最大负重（1RM）测试方法及步骤

步骤	强度	重复次数	备注
1	60％左右	8～10	热身
2	75％左右	3～5	热身
3	90％	1	
4	100％	1	
5	100％＋2.5千克	1	注意帮助

注：举不起时可适当减重，组间休息 2～3 分钟。

第四，等速测试。等速测试可以测量人体各个关节的最大力量、力量耐力、爆发力，可以通过数据对比对人的肌肉状况进行诊断，要利用专门的仪器进行。等速测试由于速度是可调的，而且测试过程中随时可以停止，因此极为安全，也被广泛用于肌肉康复练习。

利用等速测试实施肌肉力量检测与评价通常是在 30°～180°/秒关节运动角速度，在慢等速运动条件下进行时，由于此时加载于肢体的负荷阻力最大，因此，慢等速测试常被用于进行最大动态肌力检测与评价。

等速肌肉力量测试的主要评价指标为峰力矩（PT），它是力矩曲线最高点所代表的力矩值，单位为牛·米（N·m）。每千克体重的峰力矩称峰力矩体重比。此值可供横向比较，有高度特异性及敏感性，是最有价值的动态肌肉力量评价指数之一。以膝关节伸肌为例，受试者取坐位于等速肌肉力量测试系统的测试椅上，腿部、躯干固定。调节等速肌力测试系统的膝关节运动角速度为 60°/秒，设定最大运动重复次数为 5 次。运动试验开始时，要求受试者尽最大努力完成膝关节屈伸运动，记录受试者每次最大收缩的结果，取最大值代表膝关节伸肌的最大等速肌力。

利用等速测试评价力量时，需要注意根据专项特点制定不同的评价标准，还要重视对对抗肌群力量的评价。在评价伸肌力量时，要重视对屈肌力量的评价，既要重视对局部主要运动环节力量的评价，又要重视对整体用力效果的评价。

（2）快速力量与相对力量测试。

第一，快速力量测试。快速力量的大小，通常可采用动力曲线描记图分析评价，例如，下肢蹬地力量或上肢击打力量的动力曲线描记图。通过计算快速力量指数也可评价快速力量。三维测力台和上述等速测力仪都可以用于快速力量和下肢爆发力的测试。

第二，相对力量测试。相对力量是指每千克体重所具有的最大力量，所以其评价可在对最大力量测定的基础上进行，将最大力量与体重之比值作为相对力量（每千克体重）。

（3）爆发力测试。爆发力指肌肉快速收缩发出的力，是完成许多动作和位移运动必不可少的重要素质，常以立定跳远或原地纵跳来评价下肢的爆发力。

第一，立定跳远测试。立定跳远用来测试下肢肌肉力量及身体协调能力的发展水平。测试方法：①被测者两脚自然分开站立，站在起跳线后，脚尖不得踩线；②两脚原地同时起跳，不得有垫步或连跳动作；③丈量起跳线后缘至最近落地点后缘的垂直距离；④跳 3 次，取最好成绩，以厘米为单位，不计小数。

第二，原地纵跳法测试。原地纵跳主要反映受试者垂直向上跳跃时下肢肌肉的爆发力。首先，测量受试者原地摸高（指尖）的高度；其次，受试者原地用力向上跳起，达腾空最高点时做一标记。测量站立摸高与起跳摸高的垂直距离即为纵跳高度。测 3 次，取最好成绩。

（4）力量耐力测试。对力量耐力的评价多采用多次重复完成动作的方法，根据重复的次数进行评价。

第一，仰卧起坐测试。仰卧起坐主要测量受试者腰腹部肌肉的力量耐力。受试者全身仰卧于垫上，两腿屈膝成 90°角，两手指交叉贴于脑后，一同伴压住两腿关节处。起坐时，以双肘触及同侧膝关节为成功一次。仰卧时，两肩胛骨必须触垫。测试时，测试人员发出"开始"口令开始坐起，同时开表计时，记录 1 分钟所完成的次数，注意控制脊柱不宜过度弯曲。

第二，俯卧撑。测试受试者肩部、臂部和胸部的肌肉耐力。受试者身体呈俯卧姿势，并用两手撑地，手指向前，两手间距与肩同宽，两腿向后伸直，用脚尖撑地。然后屈臂使身体下降，使肩与肘接近同一个平面，躯干、臀部和下肢要挺直，当胸离地2.5～5厘米时，撑起恢复到预备姿势为完成一次。在1分钟之内连续完成以上动作，计算总的完成次数。

严格按要求完成动作，不能塌腰和抬臀，否则不计次数。普通男子1分钟俯卧撑标准见表5-5。

表5-5 普通男子1分钟俯卧撑标准（单位：个）

年龄组（岁）	1分（差）	2分（一般）	3分（较好）	4分（好）	5分（优秀）
18～20	4～11	12～19	20～29	30～39	≥40
21～22	3～9	10～16	17～25	26～33	≥34

3. 耐力测试

耐力是体能的重要组成部分，也是人体运动能力的构成要素。训练学理论把耐力素质看作是人体在尽可能长的时间内进行一定强度运动的能力。许多项目在进行运动竞赛时都要持续一定长的时间，所以，耐力也被看作是对抗疲劳的能力。耐力是一种综合能力，是人体各器官系统机能和意志品质的整体表现，同时耐力素质指标可以用来评价人体机能水平和体质强弱。耐力素质可以进行如下分类：

（1）按人体生理系统，把耐力素质分为肌肉耐力和心血管耐力。其中肌肉耐力与力量有关，又称为力量耐力；心血管耐力与氧的供应与利用有关，可分为有氧耐力和无氧耐力。

（2）按耐力素质与专项的关系，可以把耐力素质分为一般耐力和专项耐力。一般耐力是基础性耐力，对专项运动成绩的提高只能起间接作用；专项耐力是指与提高专项运动成绩有直接关系的耐力，具体地讲，是指以一定的强度维持专项比赛动作的能力。

评价有氧耐力的方法有很多，经常采用的方法是定距离的计时位移运动，如1500～10000米跑、400～3000米游泳、100～200千米自行车骑行及5000～10000米划船等，还有定时计距的12分钟跑等。

通常最大摄氧量（VO₂max）在耐力测试中较为常用，既可以判定耐力水平，也可以用来指导耐力训练。我国正常成年男子 VO₂max 绝对值为 3.0～3.5 升/分，相对值为 50～55 毫升/（千克·分）；女子绝对值为 2.0～2.5 升/分，相对值为 40～45 毫升/（千克·分）。

4．柔韧测试

柔韧是指人体关节在不同方向上的运动能力以及肌肉、韧带等软组织的伸展能力。柔韧素质通过关节运动的幅度，按一定的运动轴产生转动的活动范围表现出来。柔韧素质分为一般柔韧素质与专门柔韧素质。一般柔韧素质是指机体中最主要的那些关节活动的幅度，如肩、膝、髋等关节，这对任何运动项目都是必要的。专门柔韧素质是指专项运动所需要的特殊柔韧性，如武术运动中的下腰，体操运动中的横叉等。专门柔韧素质是掌握专项运动技术必不可少的条件。

测量与评价柔韧素质带有局部性的特点，其测量方法和手段均涉及身体有关部位完成动作时的活动幅度。一般而言，年龄越小，柔韧性越好，随着年龄的增大，柔韧性会越来越差。良好的柔韧素质不仅是运动所需，也可以防止受伤。另外，柔韧性并不是越高越好，要根据专项需要，过度的柔韧性练习会对关节稳定性带来不利影响。柔韧素质对不同年龄的人都是非常重要的，要保持良好的柔韧性需经常进行牵拉练习，自身用力的大小应依自我感觉来安排。柔韧素质的测试具体如下：

（1）肩部柔韧性测试。肩部柔韧性测试评价的是肩关节的活动范围。测试方法是：站直后，举起右手，前臂向体后下方弯曲，并尽量向下伸展，同时，用左手在体后去触及右手，尽可能地使两手手指重叠。完成右手在上的测试后，以相反的方向进行测试（即左手在上）。一般总是一侧的柔韧性要好于另一侧，但相差过大说明肩关节存在隐患。

（2）立位体前屈测试。立位体前屈测量髋关节和腰椎的灵活性及有关肌肉、韧带的伸展性。受试者两脚尖分开 5～10 厘米，并与平台前沿齐平，脚跟并拢，两腿伸直，上体尽量前屈，两臂平指伸直，两手并拢，用两手中指尖轻轻推动标尺上的游标下滑，直到不能继续下伸时为止，记录刻度读数。

以厘米为单位。测 2~3 次,取最佳成绩。

(3) 俯卧背伸测试。俯卧背伸可测量脊柱的伸展性。受试者取直腿端坐姿势。置挠度尺于两腿间,测量其坐高(鼻尖至地面之距)。然后,受试者俯卧于地,双手背叠于臀上,腿伸直。由一同伴按压其两大腿,受试者尽力向后仰体抬头。测试者在其前方,直尺的零端置于地面,当受试者后仰至最高点时,迅速上移引尺直至引尺上端触及其鼻尖(要求后仰至最高点并保持 1~2 秒的稳定,以便测量)。测量 2~3 次,记录量尺的读数(厘米),取最佳成绩。用坐高减去最佳观测值,取其差为成绩。

(4) 转体测试。转体主要测量腰部的柔韧性。在平坦地面铺一画有 0°~180° 的图,系有锥形重物的约 1 米长木棍一根。受试者两脚开立约 30 厘米,立于 0°~180° 直线上,双肘屈曲于体后夹住木棍,使锥尖正对 0°,向左、右各缓慢转体两次。以转体角度为测量值,取两次测试的平均成绩为测验成绩。

5. 灵敏测试

灵敏是指在各种突然变换的条件下,机体迅速、准确、协调地改变身体运动的空间位置和运动方向的能力,如急起急停、左右滑步。灵敏性在很大程度上依赖于神经肌肉的协调性、反应时间和爆发力。灵敏素质可分为一般灵敏素质和专门灵敏素质两类。评价灵敏素质的方法很多,如反复横跨测试、象限跳测验、滑步倒跑测验、十字变向跑及综合性障碍等。

(1) 10 秒象限跳。10 秒象限跳测量受试者在快速跳跃中,支配肌肉运动和克服身体惯性的能力。受试者站在起点线后,听到信号即以双脚跳入第一象限,然后依次跳入第二、三、四象限。按此法反复跳 10 秒,每跳入一个象限计一次。要求跳跃时必须双脚同时起跳,同时着地。踏线或跳错象限不计次数,测 2~3 次,每次 10 秒,记录完成次数,取最佳成绩。

(2) 10 秒反复横跨。10 秒反复横跨测量受试者迅速、协调变换身体方向的能力。在平坦的地面上,间距为 120 厘米画三条平行线。预备时,受试者两脚分开落于中线两侧。听到"开始"口令,先向右跨,即右脚落于右边线外,左脚落于右边线内;然后回到预备时的位置;再继续向左跨,同上面右腿动作；再回到预备时的位置。凡完成上述 1 组练习者，为完成 1 次，每完成 1 次计 4 分。每次测试为 20 秒，记录其完成次数和相应得分。可测 2 次，取最佳成绩。

（3）10 秒立卧撑。10 秒立卧撑测量受试者迅速、准确、协调变换身体姿势的能力。受试者并腿直立为开始姿势，屈膝至蹲撑，两脚后撤伸直成俯撑，再收腿成蹲撑姿势，然后站起还原成开始的姿势，计其正确完成动作的次数。每名受试者由一名测试者测试。要求：下蹲时手撑地之处距足过远，俯卧时身体不直、屈肘，收腿距手过远，站立不直等，均不计数。计算方法同上。

二、体质健康测试的标准

体质健康测试的标准通常会因国家、地区、年龄和性别而有所不同。以下是一些常见的体质健康测试标准，但这些标准可能会根据不同情况有所变化。

第一，体重指数（BMI）。BMI 是一个常用的健康指标，用来评估一个人的体重是否正常。根据世界卫生组织的标准，成人 BMI 正常值在 18.5～24.9 之间。

第二，血压。正常成年人的血压范围通常被定义为收缩压（高压）在 90～139 毫米汞柱之间，舒张压（低压）在 60～89 毫米汞柱之间。

第三，心率。正常成年人的心率通常在每分钟 60～100 次之间。

第四，血糖。空腹血糖水平在 3.89～6.1mmol/L 是正常的。

第五，身体脂肪百分比。身体脂肪百分比因性别、年龄和体形而有所不同。一般而言，男性的正常体脂范围是 6%～24%，女性的正常体脂范围是 16%～30%。

第六，肺功能。肺功能测试通常包括肺活量和呼气峰流速等指标，这些指标的正常范围会因年龄和性别而有所不同。

第七，骨密度。骨密度测试通常用于评估骨骼健康。正常骨密度范围因性别、年龄和族群而异。

第八，身体灵活性。身体灵活性测试包括柔韧性、关节运动范围等。正常范围取决于具体的测试方法和个体差异。

第二节　体能训练及其对健康的价值

体能是指机体的运动能力，是竞技能力的重要组成部分，是运动员为提高技战术水平和创造优异成绩所必需的各种身体运动能力的综合，这些能力包括身体形态、身体机能、运动素质。其中运动素质是体能最重要的决定因素，身体形态、身体机能是形成良好运动素质的基础。体能训练的概念可以表述为：体能训练是运动训练的重要组成部分，是结合专项需要并通过合理负荷的动作练习，改善运动员身体形态，提高有机体各器官系统机能的活动能力，充分发展运动素质，促进运动成绩提高的训练过程。它是技术训练和战术训练的基础，并对掌握专项技术、战术，承担大负荷训练和激烈比赛，促进运动员身体健康，防止伤病以及延长运动寿命，都具有极为重要的意义。

一、体能训练的基本类型

体能训练包括一般体能训练和专项体能训练。一般体能训练是指为增进运动员的身体健康，提高各器官系统机能，全面发展运动素质，改善身体形态，采用多种非专项的体能练习手段，掌握非专项的运动技术、技能和知识，为专项成绩提高打好基础的训练。专项体能训练是指采用直接提高专项素质的练习以及与专项有紧密联系的专门性体能练习，最大程度地发展对专项成绩有直接关系的专项运动素质，以保证掌握专项技术和战术，并在比赛中顺利有效地运用，从而创造优异成绩的训练。

一般体能训练和专项体能训练的主要联系：一般体能训练是专项体能训练的基础，一般体能训练为专项运动素质的提高创造必要的条件；专项体能训练则是提高专项运动成绩的特殊需要，并直接为创造优异的专项运动成绩服务。随着专项水平的不断提高,一般体能训练所提供的基础及专项体能训练的要求也应随之改变,以适应专项水平提高后的要求。一般体能训练和专项体能训练总目标是一致的,在训练实践中往往难以分开。

二、体能训练的具体要求

(一) 结合专项制订体能训练计划

结合专项制订训练计划是体能训练的基本要求。体能训练必须与专项结合,体能训练动作的设计以及训练方法也应与专项动作紧密结合。制订体能训练计划包括五个步骤:第一,需求分析;第二,确定训练频率;第三,拟订负荷强度;第四,拟订训练量;第五,选择练习的间隙时间。最后通过对运动员专项素质的需求分析,并根据有关运动素质练习的要素和变量,组合成一个完整的体能训练计划。

(二) 有步骤地实施体能训练计划

任何项目运动员的体能训练都可以分为测试、评估、制订训练目标、制订训练计划和实施训练五个步骤,但在实践中往往没有按照这五个步骤进行。大多数只完成了第一步和第五步,缺乏对测试数据的有效评估和制订明确具体的训练目标,因而不能有效地提高体能水平。要使体能训练达到最佳效果,必须严格按照上述五个步骤实施训练。教练员必须在大量实证研究和测试的基础上,使训练目标、手段具有针对性,了解运动员需要提高什么,根据个人现状制订个体化的训练计划,使目标明确,效果显著。

(三) 体能训练技术动作须规范准确

体能训练必须强调质量,技术动作规范准确、技术细节准确到位才能确保练习效果,否则不仅会影响体能水平的提高,甚至可能出现伤害事故。例如,在练习深蹲发展腿部力量时,有些运动员甚至教练员不清楚该动作的技术细节(该动作分为前深蹲、后深蹲两种,站距分为宽、中、窄三种,起立时包括借助反弹力起立、不借助反弹力起立,轻重量和大重量的呼吸有不同要求,下蹲和起立时膝关节应与脚尖方向一致等),运动员下蹲和起立时没有挺胸直腰,而是弓腰驼背或夹大腿(夹臀或先抬臀部起立),这样练习不仅不能尽快提高腿部力量，还很容易导致腰部受伤（如椎间盘突出或劳损），这种情况在许多力量训练项目中都曾出现过。

（四）关注与体能发展水平有关因素的综合效应

运动员的体能发展水平不仅与体能训练有关，还与选材、竞赛、医务监督、营养、恢复措施、心理素质、技术水平、战术水平、智力发展水平、日常生活管理及其细节等有关。因此，必须重视与体能发展水平有关因素的综合效应，以最大程度地提高体能水平。

三、体能训练遵循的原则

（一）个性化原则

个性化原则是指教练员在制订训练计划时，必须严格按照每名运动员所独具的身体能力、潜质、学习特征以及从事的专项等各方面特点，设计出适合每名运动员特点的个体化方案。整个训练过程必须依据每名运动员的特点进行安排，使运动员的运动潜力得到最大发展。

每名运动员在身体形态、机能能力和适应性等方面各具特点，他们适应运动负荷的能力存在差异，而同一运动员处于不同的生理机能状态时，其适应运动负荷的能力也会有差异。因此，在设计训练计划时，必须分析运动员的每一个方面，包括年龄、训练经历、身体特征、负荷承受与恢复能力等方面的差异，在此基础上制订出最适合个体发展的训练计划，使训练过程的每一个环节具有可操作性，使运动员得到最佳发展。

（二）恢复性原则

恢复性原则是指在长期的运动训练过程中，只有当运动员得到适宜的恢复，才能保证获得理想的训练效果。运动训练后如果得不到足够的恢复，就不可能产生训练效果，运动员在训练后的恢复速率，决定着整个训练计划的执行。训练后连续恢复不足，会造成过度训练与过度疲劳，严重者会导致各种运动性伤病。训练过程实际上就是一个反复进行的身体结构与机能以及内稳态的破坏与重建的过程。根据项目特征和能量系统的代谢特征等，训练后要给予运动员足够的恢复时间，使机体在不断地破坏—重建机制中形成良性循环，达到最佳训练效果，逐步提高运动成绩。

(三) 系统性原则

系统性原则是指运动员开始从事训练到取得优异成绩，直至运动寿命终结的长期过程中，都应按照体能发展的内在规律，做出相应的合理规划，持续不断地进行训练。系统性原则要求对整个训练过程的体能训练不仅要系统规划，对多年训练不同发展阶段的体能训练，从内容、比重、手段、负荷等方面也要做出系统安排。整个训练和比赛工作是一个系统工程，尤其是在青少年时期以及达到高水平成绩之后，更应周密考虑。人的生长发育在不同年龄阶段具有不均衡性，青少年时期运动素质会表现出发展的"敏感期"，在此阶段就应抓住有利时机，采取相应内容的体能训练，促进其良好发展，充分挖掘运动素质潜力，为创造高水平成绩奠定基础。而当达到高水平成绩后，运动员有机体形态、机能的改造已相当完善，运动素质的提高处于相对稳定状态，这就需要细致考虑，寻找进一步发展的可能性。

(四) 全面性原则

全面性原则是指在发展专项运动技能的前提下，应全面安排和充分发展运动员的各项运动素质，特别是儿童和青少年时期，更应全面发展运动素质，提高一般身体机能水平，以促进专项成绩的全面提高。全面性原则的主要依据有以下三点：

第一，广泛的、全面发展的运动素质和全面提高的身体机能能力，是达到较高的专项运动技术水平的基本前提和基础。

第二，人体各器官系统之间是相互依赖的，训练后人体产生的各种变化也是相互依存的。发展运动素质要求人体若干系统同时介入，因此在训练初期，必须采用正确的全面发展运动素质的方法，使发展技术与战术技能所要求的所有形态与机能能力都得到高水平的全面发展。

第三，要达到高水平的运动成绩，必须在早期训练阶段全面提高运动素质，因为各运动素质的发展是相互影响、相互制约的。运动素质和运动技能的转移需要一定的基础条件，专项运动素质和技能也需要建立在一般运动素质的基础上。只有全面安排才会创造出这种条件和可能，使专项所需的运动素质和技能得到充分发展。全面性原则主要适用于儿童和青少年训练时期，全面发展运动素质并不意味着运动员的全部训练时间都用于这种训练，相反，随着运动员运动技能的日臻成熟，运动水平的不断提高，其训练也应朝着更为专项化的方向发展。此外，进行全面体能训练还能减少高度专项化训练的枯燥感，提高运动员的练习兴趣，可对专项训练起到调节作用。

（五）结合专项原则

结合专项原则是指在一般发展的基础上，体能训练必须根据各运动项目的技术、战术和专项能力特点充分发展专项所需的运动素质，以促进运动员直接创造优异的专项运动成绩。其主要依据是：首先，体能训练的作用集中体现在创造优异的专项成绩这一终极目标上，因此体能训练要和专项技术、战术相结合；其次，结合专项进行体能训练，能使运动员在身体形态以及机能方面对该运动项目的特殊要求产生适应，有利于专项成绩提高；最后，许多项目的运动员年轻化趋势也迫使体能训练必须紧密结合专项实际情况。

鉴于上述原因，必须科学地确定体能训练和专项训练的比重。体能训练的内容和手段必须突出重点并紧密结合专项需要，要确定和充分发展与专项相关的最重要的运动素质和机能，做到有针对性地练习。

（六）从实际出发原则

从实际出发原则是指体能训练的安排要因人、因项、因时而异。要从训练对象的个人特点、比赛要求、训练条件等实际情况出发进行安排。从实际出发原则要求体能训练必须要有针对性，要紧紧围绕提高专项成绩和技术水平这一最终目标进行，同时也要根据运动员的主观和客观条件以及专项需要，合理确定和安排体能练习的内容与负荷。此外，还应使运动员的运动素质在各个方面按比例平衡发展，以适应提高运动技术水平的要求。

四、体能训练的重要意义

体能训练是所有竞技项目的根基，起着不可代替的支撑作用。在现代竞技体育项目中，激烈的身体对抗、长时间的耐久能力、技术运用的快节奏变化、技战术的稳定发挥以及对比赛的控制能力等无不渗透着体能训练的影子。

当代竞技体育比赛项目中，要想克敌制胜，单靠先进的技战术是远远不够的。在日趋激烈的比赛条件下，除了要有良好的技战术素养，还要具备充沛的体能储备。在现代的竞技比赛中，决定比赛胜负的往往不是技术和战术，而是体能，而且必须是体能。尤其是在高水平的运动员之间，棋逢对手，这时候谁能坚持到最后，谁就能赢得比赛。并且，这是其他生理指标，如最大摄氧量、血红蛋白、无氧阈、血清睾酮、皮质醇等所不能准确反映的，必须看运动员的实战能力，而具备这些指标只是一个参考，因为这些指标和实战是有很大距离的。

体能训练越来越被体育研究者们所重视，体能训练的重点是对比赛项目的认知和诊断，这既是重点也是难点，包括项目规则特征、技术特征、力学特征、战术特征、节奏特征、能量特征、体能特征、训练特征、心理特征和伤病特征等。同时，体能训练是将一般体能和专项体能训练结合起来，把握个体特点，力争将个体特点发展成为制胜手段。每一个运动项目都具有多关节运动链特征，绝不能破坏运动链的流畅运动。体能训练要全面，要有利于力量与协调的协同配合，这既是基础也是关键。

在不同的运动项目中，体能对运动员竞技能力贡献的大小不同，但这并不影响体能训练在运动训练中的基础地位。在现代运动训练的几项训练中，体能训练是其他各项训练的基础。没有良好的体能，技能训练、战术训练不可能取得良好的效果；没有高效的、坚实的体能训练，运动员竞技能力很难提高。体能训练的意义主要体现在以下几方面：

（一）增进健康，改善形态与机能

健康是运动员从事运动训练和比赛的必要条件，良好的健康状况是系统训练的根本保证。没有健康的身体，运动训练就无从谈起，在现实生活中，有很多优秀的运动员都是因为健康问题而终止了自己的运动生涯。众所周知，体育锻炼可以有效提高我们的健康水平，肥胖者也可以通过长期锻炼达到减肥、优化体形的目的。同样，系统的体能训练能够有效提高运动员内脏器官特别是心血管系统、呼吸系统的机能，增强骨骼、肌肉、肌腱和韧带等运动器官的功能，去除体内多余脂肪，并使中枢神经系统的机能得到明显改善，同时对于克服人体生物惰性、促进新陈代谢具有极为重要的作用。事实证明，体能训练能够有效提高机体对外界环境的适应能力和对疾病的抵抗能力，从而有效促进运动员的身体健康。

（二）不断提高自身的身体素质

现代竞技体育的运动水平不断提高，各个运动项目的世界纪录不断被刷新，可以想象如果运动员没有良好的身体素质，就不可能打破这些纪录。要充分发挥人体运动能力的潜力，在赛场上创造优异的运动成绩，就必须最大程度地发展和提高力量、速度、耐力、柔韧、灵敏和协调能力等身体素质，体能训练正是实现这一目标的主要途径。系统的体能训练能够有效地发展运动员的力量水平，提高速度和耐力素质，并使运动专项所需的柔韧性得到良好发展，获得更好的灵敏素质和协调能力，使专项运动素质得到最大程度的提高，身体素质得到协调一致的发展，为最大程度地取得优异的运动成绩奠定坚实的基础。

（三）确保机体适应大负荷训练和比赛的需要

现代竞技运动竞赛频繁，竞争激烈，运动员只有通过大负荷的运动训练，长期对有机体进行生物学改造，掌握娴熟的专项技术和战术，才能在重大国际比赛中取得优异成绩，夺取胜利。从第一届奥运会到现在，运动训练经过了自然发展阶段、新技术广泛运用阶段、大运动量阶段和多学科综合运用（即科学训练）阶段。科学训练的一个重要内容就是广泛运用现代科技成果与运动训练，科学系统地监测训练过程，并在此基础上保证大负荷训练。而大负荷训练要求运动员必须具有强健的体魄、良好的身体机能和心理适应能力。科学的体能训练能够为此奠定坚实的基础，并使运动员在不断加大负荷的情况下，承担训练和比赛。

（四）有利于掌握复杂、先进的技术和战术

体能训练实际上是使运动员有机体各器官系统功能协调发展，具有完备的从事专项竞技运动能力的过程。不同的运动项目对有机体运动适应能力的要求是不同的。例如：短跑项目要求运动员必须具备突出的爆发力、良好的反应速度、快速移动的速度和专项柔韧性，以及高度的、对快速运动的协调能力；举重则要求最大程度地发展运动员的力量水平和专项动作速度，并对专项耐力、专项柔韧性和协调性有很高的要求；体操、武术、拳击和球类等运动则对各项身体运动能力都有很高的要求，并且有些技术动作本身就是运动素质的综合表现。只有在充分发展各项身体能力的基础上，才能很好地掌握复杂、先进的技术，而体能训练正是实现这一目的的基本保证。只有通过体能训练，才能为运动员提供掌握复杂、先进的技术和战术的基础。

（五）创造优异成绩，延长运动寿命

竞技能力是取得优异成绩的主导因素，是由身体形态、身体机能、运动素质、技术、战术、心理和智力因素所决定的。这七个因素可近似地概括为体能、技能和心理能力。而体能是由运动员的身体形态、身体机能和运动素质表现出来的，这个特点决定了它是竞技能力的物质基础。出类拔萃的运动成绩，是建立在运动素质的高水平发展和有机体形态的改变、机能水平的高度发展基础上的。体能训练对身体形态改变越深刻，有机体机能发展水平越高，其衰退速度也就越慢，保持时间也就越长。这样专项技术、战术发挥和保持的时间相应也会更长，运动水平衰退速度也就更慢，运动员就能更长久地保持高水平的竞技运动能力。

五、体能训练对健康的价值

体能，主要通过体育锻炼获得。保持良好的体能可以使我们的身体更健康，精力更旺盛，生活更美好，寿命更长，生命更有价值。每个人获得健康都需要有一定的体能，但每个人所需的体能水平不尽相同，一个人的体能与其年龄、性别、体形、职业和生理上的缺陷有关。一般而言，个体对体能的要求与其活动的目的有关，例如运动员只有不懈地花大力、流大汗去提高力量、耐力、柔韧和速度等体能，才能提高运动成绩，而普通人只需用一般性的身体活动来维持这些方面的体能就可以增进健康。另外，即使对同一个人而言，不同的时间、不同的环境所需的体能水平也迥然不同。良好体能的保持与长期的锻炼密不可分，如果一个人未能坚持锻炼，那么他的体能水平就会下降。

体能训练是体育锻炼的主要表现形式，大众人群借助运动、游戏、竞争而达到身体适应生活的效果，同时欢悦地、自愿地、建设性地善用闲暇时间。在休闲活动中，有些活动是不以个人身体健康为目的的，例如，某些人将所有休闲时间都放在静态活动中，却忽略了维持健康的身体活动。一些慢性疾病，如心血管疾病、糖尿病、肥胖症、下背痛、骨质疏松，甚至某些癌症都与缺乏运动有关。通过体能训练来提高个人心肺耐力、柔韧性、肌肉力量、肌肉耐力和身体成分等，很大程度上能有效抑制慢性疾病的发生。

通过体能训练加强心肺和血管的功能对于氧和营养物的分配、清除体内垃圾具有重要作用，而且增强肌肉的强壮性有助于预防关节的扭伤、肌肉的疼痛和身体的疲劳。另外，身体成分的改变包括肌肉、骨骼、脂肪的合理比例。体能训练能不断提高身体质量指标，可使人树立自尊和自信，产生愉快感、释放消极情绪，可有效改善情绪，调节人的心理，减轻忧郁，促进人际交往和培养意志品质。

身体锻炼是提高体能水平必不可少的重要途径。但值得注意的是，良好的体能并不是完全靠身体锻炼就可以达到的，还与科学的饮食方法、良好的口腔卫生、足够时间的休息和放松等因素有关。

第三节 体能训练的方法及运用

一、体能训练的重复训练法及运用

重复训练法是指多次重复同一练习，两次（组）练习之间安排相对充分休息的练习方法。通过同一动作或同组动作的多次重复，不断强化运动条件反射的过程，有利于运动员掌握和巩固技术动作过程，相对稳定的负荷强度的多次刺激，可使机体尽快产生较高的适应性机制，有利于运动员发展和提高身体素质。构成重复训练法的主要因素有：单次（组）练习的负荷量、负荷强度及每两次（组）练习之间的休息时间。休息的方式通常有静止、肌肉按摩或散步。依单次练习时间的长短，可将重复训练法分为短时间重复训练方法、中等时间重复训练方法和长时间重复训练方法。重复训练法的应用具体如下：

（一）短时间重复训练法

短时间重复训练方法普遍适用于磷酸盐系统供能条件下的爆发力强、速度快的运动技术和运动素质的训练。例如，田径运动中跨栏技术的分段或全程练习，排球运动单个扣球技术动作的练习或传（挡、推、截）球与扣（抽）球技术的组合动作的练习，足球运动单个射门技术动作的练习或接与传、接与投、掷（踢）技术动作组合的练习，拳击运动中各种方式的直拳勾拳的练习，表现性项群中各种基本技术或高、难技术动作的组合练习等，都可采用该方法进行训练。所有体能主导类速度性、力量性运动项群的技术、素质训练，以及所有技能主导类对抗性和表现性运动项群的高、难、强技术的训练和有关的速度素质和力量素质的发展，都以此为主要训练方法。

短时间重复训练法的应用特点为：一次练习的负荷时间短（约在30秒内），负荷强度大，动作速度快，间歇时间充分，单一动作或组合动作的各个环节前后稳定。间歇过程多采用肌肉按摩放松方式，以便能尽快促使机体恢复机能。重复次数和组数相对较少，可有效提高负荷强度很高的单个技术动作或组合技术动作运用的熟练性、规范性和技巧性；可有效提高该类运动项目运动员的磷酸盐系统的储能和供能能力；可有效提高运动员有关肌群的收缩速度和爆发力。

（二）中等时间重复训练法

中等时间重复训练方法普遍适用于糖酵解供能条件下的运动技术、战术和素质的训练。例如，隔网性运动项群中多种技战术串联技术动作的重复练习或强度适中的单一技术动作的重复练习，同场性运动项群中爆发力较强、速度较快的单个技术动作的练习或由此类技术为主所构成的组合技术动作的重复练习，格斗性运动项群中任何一种连续进行的格斗练习或以该类技术动作为主所构成的组合技术动作的练习，难美性运动项群中成套动作练习等都可采用该方法进行训练。中等时间重复训练方法还普遍适用于运动员学习、形成和巩固运动强度较低的运动技术，适用于运动员掌握局部配合的运动战术，适用于比赛成绩为 30～120 秒的体能主导类运动项群的技术和体质训练。当然，对该类项群的训练，还应辅以短、长时间的重复训练方法。

中等时间重复训练方法的运用特点如下：

第一，一次练习的负荷时间应较长，通常为 30～120 秒。

第二，练习时，负荷时间可略长于主项比赛时间或负荷距离可略长于主项比赛距离。

第三，负荷强度应较大（负荷心率应在 180 次/分钟以上）并与负荷时间呈现负相关性。

第四，单一练习动作的各个环节或组合技术的基本结构应前后稳定。

第五，能量代谢主要由糖酵解供能系统完成。

第六，间歇时间应当充分。间歇应采用慢跑深呼吸及按摩放松的方式进行，可尽快清除体内乳酸，还可有效提高运动员糖酵解供能系统的储能和供能能力，糖酵解供能为主条件下的速度耐力和力量耐力，技能主导类运动项目中各种技术衔接与串联的熟练性、规范性、稳定性以及机体的耐乳酸能力。

(三) 长时间重复训练法

长时间重复训练方法主要适用于无氧、有氧混合供能系统条件下的运动技术、战术、素质的训练工作。如技能主导类运动项群多种技战术的串联练习、连续攻防的对抗练习、组合技术的重复练习以及一次负荷持续时间为2～5分钟的各种运动素质的练习等，都可采用此法训练。该法同样适用于难度不大、负荷不高、技巧性强的单一技术动作的训练或难度不大的组合技术动作的训练，还适用于体能主导类（2～5分钟）耐力性运动项群的技术、素质的训练。亦可辅以中等时间重复训练方法或持续训练法。

长时间重复训练方法应用特点：一次练习过程的负荷时间更长，通常在2～5分钟之间；技能主导类项群技术动作的练习种类较多，同时参与技术战术训练的人数较多，战术攻防过程转换次数较多，训练的实战环境气氛较浓，组织难度增大；负荷时间略长于主项比赛时间或负荷距离略长于主项比赛的距离；负荷强度与负荷时间呈现负相关性；无氧和有氧混合供能性质明显。一次练习完毕，间歇时间应当充分，可有效提高该类运动项目运动员的无氧、有氧混合代谢的能力，无氧、有氧混合代谢供能状态下的速度和力量耐力，以及各种技术应用的熟练性和耐久性。实践中，长时间重复训练方法与间歇训练法、持续训练法和变换训练法的有机结合，可以更好地提高训练效果。

二、体能训练的间歇训练法及运用

间歇训练法是指对多次练习时的间歇时间做出严格规定，使机体处于不完全恢复状态，反复进行练习的训练方法。

间歇训练法由五个因素构成：①每次练习的时间和距离；②练习重复的次数和级数；③每次练习的负荷强度；④每次（组）练习的间歇时间；⑤间歇时的休息方式。

通过严格的间歇训练过程，运动员的心脏功能可得到明显增强；通过调节运动负荷的强度，机体各机能可产生与有关运动项目相匹配的适应性变化；通过不同类型的间歇训练，糖酵解代谢供能能力或磷酸盐与糖酵解混合代谢的供能能力或糖酵解与有氧代谢混合供能能力或有氧代谢供能能力得以有效发展和提高;严格控制间歇时间,有利于运动员在激烈对抗和复杂困难的比赛环境中稳定、巩固技术动作;通过较高负荷心率的刺激,机体抗乳酸能力可得到提高,以确保运动员在保持较高运动强度的情况下具有持续运动的能力。

间歇训练法的基本类型主要分为三种:高强性间歇训练方法、强化性间歇训练方法和发展性间歇训练方法。间歇训练法的应用具体如下:

(一) 高强性间歇训练法

高强性间歇训练方法是发展糖酵解供能系统的供能能力、磷酸盐与糖酵解供能混合代谢系统的供能能力的一种重要训练方法。高强性间歇训练方法不仅适用于体能主导类速度性和耐力性运动项群的素质、技术的训练,还适用于技能主导类对抗性运动项群中的攻防技术或战术的练习。如隔网性运动项群中网前连续进行的攻防技术练习,同场性运动项群中连续曲线跑动进行的防守技术练习或连续跑动的"人盯人"防守技术的练习,格斗性运动项群中各种直拳、勾拳的组合练习或抱摔练习以及表现性运动项群中的各种组合练习都可以采用该方法进行。

自然技能主导类运动项群为发展糖酵解供能系统的供能能力、磷酸盐与糖酵解供能混合代谢系统的供能能力,也可采用此法进行身体训练。高强性间歇训练方法是体能类速度性和耐力性运动项群的主要训练法之一。

高强性间歇训练方法的应用特点:一次练习的负荷时间较短(40秒之内);负荷强度大,心率多在每分钟190次左右;间歇时间极不充分,以心率降至每分钟120次为开始下一次练习的确定依据;练习内容多为单个技术或组合技术;练习的动作结构基本稳定;能量代谢主要启用磷酸盐系统以及糖酵解供能系统。可有效提高运动员在该两类系统供能条件下的速度耐力和力量耐力以及糖酵解供能状态下技战术运用的规范性、稳定性和熟练性。

(二) 强化性间歇训练法

强化性间歇训练方法是发展糖酵解供能代谢系统与有氧代谢系统混合供能能力以及心脏功能的一种重要训练方法。强化性间歇训练方法适用于一切需要这种混合系统供能和良好心脏功能的竞技运动项目的技术、战术及素质的训练工作。强化性间歇训练方法的练习动作或是单一结构的动作练习，或是各种负荷强度不同的技术动作的组合练习，或是某种战术形式的组合练习，或是多种战术混合运用的配合练习。如隔网性运动项群中扣球与传接球技术串联的练习，多种网上、网前、底线攻防战术的组合练习等；同场性运动项群中局部攻防战术的配合练习，篮下（门前）禁区的连续攻防战术的练习等；格斗性运动项群中拳击的各种直拳、勾拳练习和摆拳与直拳的组合技术动作练习等都可采用该方法进行。

同样，表现性运动项群中的组合练习或成套技术动作的练习也可采用此方法进行。强化性间歇训练方法对于体能主导类速度耐力或力量耐力类运动项群意义重大。如400米跑、800米跑，200米接力游泳、400米接力游泳，500米划船等运动都广泛运用此法进行训练。

强化性间歇训练方法的应用特点：对体能主导类运动项群来讲，一次练习的负荷时间略低于主项比赛时间（约在100～300秒），负荷强度通常略低于主项比赛强度的5%～10%。心率控制在每分钟180次或170次左右即可，间歇时间以心率降至每分钟120次为开始下一次练习的确定依据，动作结构前后稳定。身体素质的训练亦是如此。

强化性间歇训练方法强调严格控制间歇时间，强调启用糖酵解供能系统或以其为主的混合代谢系统供能。每次练习的次数（组数），因人而异。可有效提高该项群运动员的糖酵解供能系统、混合供能的能力及此种供能状态下运动员有关肌群的速度耐力和力量耐力及技术运用的稳定性，使之与体能同步、协调、高度发展，以便适应实际比赛的需要。

（三）发展性间歇训练法

发展性间歇训练方法是发展有氧代谢系统供能能力、有氧代谢的运动强度以及心脏功能的一种重要训练方法。发展性间歇训练方法适用于需要较高耐力素质的运动项群的训练工作，体能主导类耐力性项群运用此方法最多。在技能主导类运动项群中，发展性间歇训练方法通常用于减少人数的比赛时间，分解成阶段性的连续攻防训练的过程之中。例如：同场对抗性运动项群中篮球运动的"三对三"攻防转换练习，足球运动中的"二对三"攻防转换练习等都可采用此法训练；格斗对抗性运动项群中的体能训练和"一对二"的轮番格斗训练也可采用此法进行；难美性运动项群中各种低强度的技术动作所编排的组合练习和有氧健身训练也可采用该方法进行练习；技能主导类项群中以发展有氧耐力为目的的身体素质的训练也常用此法进行。

发展性间歇训练方法的应用特点：一次练习的负荷时间较长，负荷时间至少应在5分钟，负荷强度控制在平均心率为160次/分钟，一次持续练习的动作种类可以单一，亦可多元，供能以有氧代谢系统为主。在实际训练过程中，为了提高耐力训练水平，教练员通常将发展性间歇训练方法、强化性间歇训练方法同持续训练方法结合应用，根据负荷强度的分级标准进行训练。

需要强调的是，间歇训练法的间歇时间形式有等时间歇、不等时间歇和不规则时间间歇三种，具体内容见表5-6。

表5-6 间歇训练法的间歇时间的形式

形式	具体内容
等时间歇	在训练过程中同类训练项目之间的间隔时间是相等的
不等时间歇	在训练过程中同类训练项目之间的间隔时间是不相等的
不规则时间间歇	在训练过程中同类训练项目之间的间隔时间是不规则的

三、体能训练的循环训练法及运用

循环训练法是指根据训练的具体任务，将练习手段设置为若干个练习站，运动员按照既定顺序和路线，依次完成每站练习任务的训练方法。运用循环训练法可有效激发训练情绪、累积负荷"痕迹"、交替刺激不同体位。

循环训练法的结构因素包括：每站的练习内容、每站的运动负荷、练习站的安排顺序、练习站之间的间歇、每次循环之间的间歇、练习的站数与循环练习的组数。运用循环训练法可以有效提高不同层次和水平的运动员的训练情绪和积极性；合理增大运动训练过程的练习密度；随时根据具体情况加以调整，做到区别对待；防止局部负担过重，延缓疲劳的产生，并有利于全面身体训练。

循环训练法中所说的"站"是练习的站点,如果一个循环内的各个站点中,有若干个练习点是以一种无间歇的方式衔接的,那么这几个练习点的集合可以称之为"练习段"。因此,考虑循环练习的顺序时,有时应以"练习站"为单位,有时则应以"练习段"为单位。

依各组练习之间间歇的负荷特征,可把循环训练法的基本类型主要分为三种,即循环重复训练、循环间歇训练和循环持续训练方法。三种循环训练法的组织形式共有三类,即流水式、轮换式和分配式。

流水式循环训练的做法:建立若干练习站(点)后,运动员按一定的顺序一站接一站地周而复始地进行单个练习。这可以有效全面地发展多种运动能力,并使机体各个部位以及内脏器官得到训练。

轮换式循环训练的做法:将运动员分成若干组,各组运动员同一时间内在各自的练习站中练习,然后按规定要求,依次轮换练习站。这可以有效集中发展某一运动机能和机体的某一部位,使身体局部产生深刻反应。

分配式循环训练的做法:设立较多的练习站,然后,根据运动员的具体情况指定每名运动员在特定的若干练习站内训练。

循环训练法的应用具体如下:

(一) 循环重复训练法

循环重复训练法是指按照重复训练法的要求,对各站之间和各组循环之间的间歇时间不做特殊规定,以使机体得以基本恢复,可全力进行每站或每组循环练习的方法。循环重复训练法既可用于技术训练,也可用于素质训练,是竞技运动常用的训练方法之一。例如,在排球运动训练中,可将扣球、拦网及防守等技术作为练习站实施循环重复训练。或者将4号位强攻技术、3号位快攻技术、2号位背飞技术,以及2号位拦网技术、3号位拦网技术、4号位拦网技术设定为六个练习站,并两两组成"练习段",反复实施循环重复训练。再例如:在篮球运动训练中,可将跑动接球、运球过人、急停跳投与冲抢补篮等作为练习站实施循环重复训练,或者将各个练习站两两合并成几个有机相连的"练习段",实施循环训练。

循环重复训练法的应用特点：可将各种练习设置为若干个练习站，练习动作应熟练规范，练习顺序符合比赛的特点，间歇时间较为充分；持续两组练习后进行一次长间歇。循环重复训练法的应用目的：提高高强度技术动作的规范性和熟练性；提高攻防过程中的对抗性；将技术动作和运动素质与代谢系统的训练融为一体，使之共同提高；提高该类运动项目运动员的磷酸盐系统的储能和供能能力；提高该类运动项目运动员有关肌群的收缩速度和爆发力。

（二）循环间歇训练法

循环间歇训练法是指按照间歇训练法的要求，对各站和各组之间的间歇时间做出特殊规定，以使机体在完全恢复的状态下进行练习的方法。循环间歇训练法常用于发展运动员体能，亦用于协调发展技术、战术和素质之间的有机联系。

循环间歇训练方法的应用特点：将各种练习设置为若干个练习站，各练习站的负荷时间至少30秒，站与站之间的间歇不充分；循环组间的间歇可以充分，也可不充分。循环间歇训练法的应用目的：有效提高该类项目运动员糖酵解系统及其与有氧代谢系统混合供能的能力，有效提高该供能状态下的速度耐力及力量耐力。

（三）循环持续训练法

循环持续训练法是指按照持续训练法的要求，各站和各组之间不安排间歇时间，用较长时间进行连续练习的方法。循环持续训练法在竞技运动训练中的应用极其广泛。如将隔网对抗性运动项目中的扣球（杀、吊）、拦（截）、传（挡、推防）等技术练习设定成练习站并编排成组合技术（练习段），进行5～10分钟的较高强度的多球循环持续训练；将同场对抗性运动项目中的运球、传球、接球、投篮（射门），或跑动、接球、投篮（射门），或跑动、策应、传球、投篮（射门）等练习内容设定为练习站并编排成组合技术（练习段），进行5～10分钟的较高强度的循环持续训练，或在联合训练器上进行持续循环训练。

循环持续训练法的应用特点：各练习站有机联系，各个练习的平均负荷

第五章 体质健康测试与体能训练

强度相对较低,各组循环内各站之间无明显中断,一次循环的持续负荷时间至少应在 8 分钟,甚至更长;负荷强度高低交替搭配进行;循环之间的间歇时间可有可无,循环组数相对较多;上下肢练习、前后部练习顺序的配置或集中安排或交替进行;组织方式可以采用流水式或轮换式。

循环持续训练法的应用目的:可以提高运动员持久的对抗能力、运动技术的稳定能力以及技术之间的衔接能力;可提高运动员攻防技术的转换能力、疲劳状态下连续作战的能力以及有氧工作强度;可提高有氧代谢系统供能的能力、有氧工作强度以及有氧代谢供能状态下的力量耐力。

四、体能训练的持续训练法及运用

持续训练法是指负荷强度较低、负荷时间较长、无间断地连续进行练习的训练方法。练习时,平均心率在每分钟 130～170 次之间。持续训练主要用于发展一般耐力素质,并有助于完善负荷强度不高但过程细腻的技术动作,可使机体运动机能在较长时间的负荷刺激下产生稳定的适应,使内脏器官产生适应性的变化,提高有氧代谢系统供能能力以及该供能状态下有氧运动的强度,为进一步提高无氧代谢能力及无氧工作强度奠定坚实的基础。

根据训练时持续时间的长短,持续训练法可分三种基本类型,即短时间持续训练法、中等时间持续训练法和长时间持续训练法。持续训练法的应用具体如下:

(一)短时间持续训练法

短时间持续训练法广泛应用于体能主导类项目的运动素质训练之中,也适用于技能主导类运动项群中动作强度较高的素质、技术和战术的训练工作。例如:隔网性运动项群中传球、防守等组合技术的练习;同场性运动项群中接球、运球、传球、投篮(射门)等组合技术的攻防战术练习,某种"人盯人"的战术打法练习以及各种跑动、接球、投篮(射门)等组合技术的攻防战术练习等。

短时间持续训练法的应用特点:一次持续练习的负荷时间相对较短(约为 5～10 分钟),负荷强度相对较高,平均心率负荷指标控制在每分钟 170

次左右；练习动作既可单一也可多元；练习动作的组合可以固定亦可变异；练习过程不中断。短时间持续训练法的应用目的：可有效提高运动员的无氧、有氧代谢系统混合供能的能力和该供能状态下的运动强度，该供能状态下所表现出来的速度耐力和力量耐力，激烈对抗的持久性、攻防技术运用的转换性、负荷强度变换的节奏性、各种攻防技术运用的衔接性、某项技术战术应用的熟练性和疲劳状态下技术效果的稳定性，以及有氧、无氧代谢下的供能能力和运动强度。

(二) 中等时间持续训练法

中等时间持续训练法普遍适用于技能主导类运动项群各个项目中多种技术的串联、攻防技术的局部对抗、整体配合战术或技术训练、编排成套的技术或战术训练，以及体能主导类耐力性运动项群训练。实践中，中等时间持续训练法具有两种典型的练习形式，即匀速持续训练和变速持续训练。其中，匀速持续训练是一种典型的以发展有氧代谢系统供能能力为目的的训练方法。

中等时间持续训练法的负荷强度与负荷时间因具体运动项目的距离不同而有所差异。匀速持续训练的特点是，运动强度相对较低，负荷强度变化较小，运动速度相对均匀，运动过程不中断，练习动作相对稳定，负荷强度一般心率在每分钟160次左右，人体能量消耗较小。变速持续训练是一种强制性的以发展有氧与无氧代谢系统混合供能能力为目的的训练方法。变速持续训练的特点是，运动强度相对较高，负荷强度变化较大，运动速度变化较多，运动过程不中断，负荷强度一般心率在每分钟170～150次之间，人体能量消耗相对较大。

中等时间持续训练法的应用特点：技术动作既可单一也可多元，平均强度较小，负荷时间相对更长，以有氧代谢系统供能为主。一组练习的持续负荷时间至少应为10分钟。负荷强度心率指标平均为每分钟160次。体能主导类项群广泛用此方法发展耐力素质。在技能主导类运动项群中采用此方法时，练习的基本技术应当娴熟，组合技、战术的训练应有明确的战术意图，技术动作的负荷强度搭配应当合理，并确保训练过程不中断。

中等时间持续训练法的应用目的：可有效提高运动员以有氧代谢系统供能为主的代谢能力和该供能状态下的运动强度，可有效提高该供能状态下所表现出来的专项耐力，有效提高技术应用的稳定性和抵御疲劳的耐久性。

（三）长时间持续训练法

长时间持续训练法对体能主导类耐力性运动项群具有直接训练的价值。实践中，长时间持续训练法具有三种典型的变化形式，即匀速持续训练、变速持续训练和法特莱克训练。其中，长时间持续训练法中的匀速持续训练、变速持续训练形式与中时间持续训练法中的主要不同之处是，负荷强度相对更低，负荷时间相对更长，转战场所变更较多。长时间持续训练法在技能主导类运动项群中的应用领域相对不广，其原因在于长时间持续训练方法的应用目的是发展一般耐力，过分采用长时间持续训练法进行训练，个仅无助于技能类运动项群运动成绩的提高，甚至有可能引起机能的不良迁移或阻碍主要专项运动素质的发展，因此只作为技能主导类运动项群中的一项辅助性练习。

五、体能训练的变换训练法及运用

变换训练法是指变换运动负荷、练习内容、练习形式以及条件，用以提高运动员积极性、适应性及应变能力的训练方法。

变换训练法是根据实际比赛中过程的复杂性、对抗的激烈性、运动技术的变异性、运动战术的变化性、运动能力的多样性以及中枢神经系统的灵活性等一般特性而提出的。通过变换运动负荷，可使机体产生与有关运动项目相匹配的适应性变化，从而提高承受专项比赛时不同运动负荷的能力。通过变换练习内容，可使运动员的不同运动素质、运动技术和运动战术得到系统训练和协调发展，从而使之具有更接近实际比赛需要的多种运动能力和实际应用的应变能力。

依变换的内容可将变换训练法分为三种，即负荷变换训练法、内容变换训练法和形式变换训练法。变换训练法的应用具体如下：

（一）负荷变换训练法

负荷变换训练法是一种功能独特的重要训练方法，不仅适用于身体训练，也适用于技、战术训练。实践中，负荷的变换主要体现在负荷强度或负荷量的变换上。由于负荷强度与负荷量的变化具有四种不同的搭配形式，因此，负荷变换的训练方式是多种多样的，具体如下：

1. 负荷强度与负荷量均保持恒定的搭配形式

可使机体某一机能或素质产生适应，或者使某项运动技术形成稳定的动力定型。

2. 负荷强度恒定、负荷量变化的搭配形式

可通过量的提高，发展机体某一运动机能或运动素质耐力水平，或者通过量的减少，促使机体恢复。

3. 负荷强度变化、负荷量恒定的搭配形式

可通过提高强度，发展机体某一运动机能或运动素质工作强度，或通过降低强度，促使机体恢复，或学习、掌握某种高难技术。

4. 负荷强度与负荷量均有变化的搭配形式

可通过提高负荷强度、减少负荷量，发展机体某一机能或素质的工作强度或技术动作的难度和强度，或者通过降低负荷强度、提高负荷量，发展某一运动机能或素质水平，或者巩固基本技术。

负荷变换训练法的应用特点：降低负荷强度，可以利于学习和掌握运动技术；提高负荷强度及训练密度，可使机体适应比赛需要。负荷变换训练法的应用目的：可通过变换练习动作的负荷强度、练习次数、练习时间、练习质量、间歇时间、间歇方式及练习组数等变量方式，促使运动素质、能量代谢系统的发展与提高，能够满足专项运动的需要；可有效促使机体适应实际比赛运动强度的变化转点，使运动员机体产生与实际比赛相符的生理适应，还可以有效缩短学习、掌握、巩固运动技术的过程。

（二）内容变换训练法

内容变换训练法是技能主导类运动项群中广泛应用的一种重要训练方法。内容变换训练法适用于技能主导类对抗性运动项群中各种技术串联的练习，或者某种单个基本技术的各种变化练习，或者基本技术组合的变换练习，或者某种战术打法中几种方案的变换练习，或者多种战术混合运用的变

换练习，等等。该方法也适用于难美性运动项群的技术动作的组合练习。而对机能主导类运动项群，内容变换训练法较多应用于身体训练。

内容变换训练法的应用特点：练习内容的动作结构可为变异组合，也可为固定组合，练习的负荷性质符合专项特点，练习内容的变换顺序符合比赛规律，练习动作的用力程度符合专项要求。内容变换训练法的应用目的：可使训练内容的变换节奏适应专项运动技术和战术变化的基本规律；使训练内容的变化种类适合运动技术、战术应用的要求；使练习内容之间的变换符合实际比赛变化的需要，进而提高运动员比赛的应变能力。

（三）形式变换训练法

形式变换训练法的运用要反映在场地、线路、落点和方位等条件或环境的变换上。例如，隔网类运动项群中的发球练习，在负荷、动作大致一致的情况下，可以发出各种不同直线、斜线、前排、后排的球；同场类运动项群中侧身带球技术的运用，在交叉换位的战术配合时，可以形成"掩护"或"反掩护"的不同战术形式。又如训练场所的变换，在时空感觉方面往往促使技能主导类运动项群的运动员对不同空间环境的比赛产生适应。因此，形式变换训练法在竞技运动的训练过程中具有广泛的应用价值。

形式变换训练法的应用特点：通过变换训练环境、训练组织、训练路径、训练时间和练习形式进行训练。形式变换训练法的应用目的：通过变换训练形式，使各种技术更好地串联和衔接起来；对运动员产生新的刺激，激起较高的训练情绪，进而促使神经系统处于良好的准备状态，促使运动员产生强烈的表现欲望，提高训练质量。

六、体能训练的法特莱克法及运用

法特莱克训练法是一种加速跑与慢跑交替进行的中长跑训练方法，是耐力训练的有效方法之一。法特莱克训练起源于20世纪30年代，法特莱克训练与间歇训练区别很大，间歇训练规定了跑步的距离、特定的完成和休息时间，而法特莱克训练通常只是给运动员一个特定的距离指标，例如完成10千米跑，只要运动员能满足该指标，怎么跑、如何选择路线和安排体力、完成的时间,全由运动员自己来定。

法特莱克训练的实质就是在跑的过程中插入一系列不定时间、不定距离的加速跑、反复跑甚至快速冲刺,使它们和慢跑或走步交替进行,运动员可以根据自身的感觉决定加速和放松的时间和距离。法特莱克对训练场地的要求比较随意,主要选择在空气新鲜的地方,如郊区、公园、树林、山地。

法特莱克训练以同时强调有氧和无氧能量代谢而闻名,它允许任意变化速度,在运动过程中的恢复完全由个体主观感觉来决定,而不是由客观数据,例如心率等来决定。它不像间歇训练那样严格和精确,而能够让练习者享受整个训练过程,从而进一步排除过度训练的可能性。在体系形成阶段,法特莱克训练造就了打破 800 米、1500 米、1609 米、3219 米等世界纪录,对中长跑的成绩大幅度提高起到了促进作用。随着时间的推移,法特莱克训练很快变成了一种受大众欢迎的练习方式,它能激发跑步者的训练兴趣和动机,有效调节跑步者的情绪和心情,提高他们的运动积极性。

法特莱克训练是一种以发展有氧代谢系统为主、适当发展有氧与无氧代谢系统混合供能能力的耐力训练方法。法特莱克训练法的应用特点:训练环境不稳定,运动路线不固定;负荷时间较长;运动速度的快、慢变化不具有明显的节奏性,但具有明显的随意性;运动过程始终不断;练习过程的负荷强度呈现高、低交错,心率指标为每分钟 160~130 次之间,心理感受相对轻松。

七、体能训练的比赛训练法及运用

比赛训练法是指在训练条件下,根据教学的规律或原理、专项比赛的基本规则或部分规则,进行专项练习的训练方法。例如,运动队内部队员之间的对抗性教学比赛,不同训练程度运动员之间的让先性教学比赛,部分基本技术、战术的对抗性教学比赛等,都可被视为教学性比赛训练方法的应用。

比赛训练法的应用特点:可采用部分比赛规则进行局部配合的训练;比赛环境相对封闭,便于集中精力训练;比赛过程可以人为中断以便指导训练;运动员的心理压力小,利于正常发挥技术水平。比赛训练法的应用目

第五章 体质健康测试与体能训练

的；可激发运动员的训练激情，提高运动负荷强度；系统提高运动技术衔接和串联的熟练程度；提高运动员在比赛条件下支配体能的能力；强化局部或整体的体能配合；协调发展不同训练程度运动员的竞技能力，激励运动员产生强烈的竞争意识，从而更好地挖掘运动员的潜力。

思考与练习

1. 体质健康测试的方法包括哪些方面？
2. 体能训练的具体要求有哪些？
3. 简要罗列体能训练的具体方法。

第六章　体育文化传播与健康发展

第一节　传统体育文化及其价值分析

一、传统体育文化的现实意义

（一）全面认识人类社会文化

"随着经济全球化发展和社会文明的进步，体育在国家乃至世界的发展中都被视为一种精神和力量的表现。"[①] 传统体育文化是文化的重要组成部分，具有时间跨度大、综合性强的特点。它的内涵和外延都非常丰富，与其他文化形式有着密切的关系，包含了众多的文化元素。在原始社会，传统体育文化存在于教育、娱乐、医疗等活动中，与人类的生产生活实践重叠交错在一起，且没有清晰的界限，这些社会实践活动是传统体育文化的源泉。例如，通过传统体育文化可以看到人类教育的发端。由于当时受语言、文字的限制，人类生产、生活的技能主要是通过人体活动进行传授的，因此人类的祖先通过生产、生活技能的传授实现了人类最初的教育。目前的体育活动就是由人类祖先传授生产、生活技能演变而来的。通过对传统体育文化的研究，人们就能够从另外一个视角全面认识人类社会文化。

---

① 王淑艳，顾伟黎，王志玲.民族传统体育文化传承及发展研究[J].文体用品与科技，2023（13）：98.

第六章　体育文化传播与健康发展

（二）深层次认识体育文化

体育从表面上看只是单纯的身体活动，就最基本的体育功能来讲，对人的身心健康会产生积极影响。但是，如果把它作为一种人类社会的文化现象进行深入研究，人们就会对体育文化产生更深层次的认识。

传统体育文化具有教育、健身、娱乐、竞技、审美、社交、经济等多种功能。体育活动很多来源于音乐舞蹈、模仿、宴会和集会等，这些活动传达了社会认为有价值的观念。传统体育文化能够让人们从深层次理解传统体育存在的价值，揭示出传统体育在规范人们的思想道德意识、群体生活方式和价值取向等方面所具有的其他文化形式所不能替代的积极作用。

（三）促进与其他学科的协作

传统体育文化的产生是一个长期孕育演变的过程，其发展是一个长期积累、选择、变异、冲突、交融、定型的过程。因此，传统体育文化其研究对象、研究方法与人类学、民俗学、哲学、历史学都密切相关，可以借助这些学科的理论和方法，从多学科、多角度、多层次、多方面对传统体育文化进行研究。

二、传统体育文化的特征表现

我国传统体育文化的地域差异非常明显。生活在草原上的游牧民族的人民创造了赛马、叼羊、骑射等传统体育项目，居于山地水乡的人民创造了赛龙舟等体育项目，居于东北地域的人民创造了许多与冰雪有关的体育项目，这些差异彰显了我国传统体育文化的地域特征。此外，每一个传统体育项目都蕴含着本民族独特的"基因密码"。

我国传统体育活动的开展还受民俗语境的限制，许多体育项目都是在民俗节日进行的。赛龙舟活动通常要在端午节进行，抛绣球（壮族）要在每年的春节、三月三、中秋节等传统节日进行，而舞龙运动也通常要在节日庆典时进行，蒙古族要在那达慕大会上举行骑马、射箭和摔跤比赛，傣族在泼水节、苗族在每年的四月初八都要举行盛大的文体娱乐竞赛活动，而广泛流行于侗族、壮族、仫佬族的抢花炮运动通常在每年的三月三和秋收后最为活跃。

民俗语境也是农业文明的产物。为了适应生产,古人遵照自然规律创造了独特的历法和岁时节日,历法中还设立了反映季节变化的二十四节气,春节等传统节日也直接反映了农业社会的生产规律。在特定的时节内进行特定的体育活动,不同的地域在各个民俗节日举行的体育活动也各有千秋。这充分体现出我国传统体育活动的鲜明民俗特征。

(一)融合性特征

传统体育文化的融合性体现在以下几方面:

1. 道德修养与体育精神的融合

中国传统体育文化强调体育与道德的关系,追求道德修养。这种融合性特征在传统体育项目中得到了充分体现。例如,太极拳、武术等传统体育项目,不仅注重身体锻炼,更强调内心的修炼和道德的提升。在练习过程中,练习者需要追求身心的和谐统一,注重内心的竞争和协调,同时也讲究与他人的和谐、宽容和友爱。这种融合性特征使得传统体育文化在塑造人格、提升道德修养方面具有独特的优势。

2. 团队精神与协作精神的融合

中国传统体育文化注重团队意识和协作精神。这种融合性特征在诸多传统体育项目中得到了体现。例如,舞龙舞狮、拔河等传统项目,需要队员之间的紧密配合和协同努力才能取得胜利。在比赛过程中,队员之间需要相互信任、相互支持,形成强大的团队合力。这种融合性特征不仅体现了中国人的和谐思想,也体现了在追求共同目标的过程中,个人需要与他人建立紧密的合作关系,共同克服困难、取得成功的道理。

3. 身心协调与中医理念的融合

中国传统体育文化注重身、心、义、气、神、形的协调发展。这种融合性特征在太极拳、气功等传统项目中得到了充分体现。在练习过程中,练习者需要注重通过锻炼身体来调整身心,提高身心的协调能力。这种融合性特征与中医的理念相近,中医认为身体的健康与内心的平衡密不可分,只有身心平衡才能达到健康的境界。因此,传统体育文化在促进身体健康、提高心理素质方面具有独特的优势。

4.人与自然、人与人之间的和谐统一

中国传统体育文化注重人与自然、人与人之间的和谐统一。这种融合性特征在登山、放风筝等传统项目中得到了体现。在参与这些项目的过程中，人们可以通过与自然的融合来达到体育锻炼的目的，同时学会观察和体验大自然的奇妙和美丽，营造心静气和的氛围。此外，传统体育文化也注重人与人之间的和谐，例如赛龙舟、门球等传统项目，都需要队员之间的紧密配合和团队协作，体现了人与人之间的和谐与统一。

(二) 多样性特征

1.项目类型的多样性

传统体育文化在项目类型上呈现出丰富多彩的特点。这些体育项目不仅具有各自的竞技性和观赏性，还蕴含着深厚的文化内涵和民族特色。以中国为例，传统体育项目包括太极拳、中医按摩、民间武术等，每一种都承载着中华民族的历史和文化。而在其他国家，如日本的相扑、柔道、空手道，印度的瑜伽、摔跤等，同样体现了各自独特的体育文化和民族特色。

2.文化内涵的多样性

传统体育文化在文化内涵上同样具有多样性。这些体育项目不仅仅是一种身体活动，更是一种文化传承和民族精神的体现。例如，中国的太极拳起源于中国古代道家、儒家和兵家的思想，体现了中国文化的哲学、艺术和武术之美。而日本的相扑则源于神道教和古代日本祭祀仪式，体现了日本民族宗教和文化的特征。这些体育项目在传承过程中，不断融入新的元素和内涵，形成了独特的文化体系。

3.地域特色的多样性

传统体育文化在地域特色上也呈现出多样性。不同地域的自然环境、气候、生活习惯等因素对当地体育项目的形成和发展产生了深远影响。例如，高原地区的民族体育项目往往与登山、骑马等高原生活密切相关，而水乡地区的民族体育项目则多与船艇、水上运动有关。这些体育项目不仅体现了当地人的生活方式和文化特色,也促进了不同地域之间的交流和融合。

4. 历史传承的多样性

传统体育文化在历史传承上也具有多样性。这些体育项目在漫长的历史进程中,经历了不断的发展和演变。有些项目在历史长河中逐渐消失,而有些则得到了传承和发展。这些传承下来的体育项目不仅保留了原有的特点和风格,还融入了新的元素和创意,形成了新的表现形式。这种历史传承的多样性不仅丰富了传统体育文化的内容,也为其注入了新的活力和生命力。

三、传统体育文化的发展方向

人类的体育文化跟人类文明一样,随着社会的不断发展和进步而不断演变和革新,全面、持续、进步等便是其发展过程中的特征和表现,以下将具体从五个方面展开论述。

(一) 功能由单一转向多元化的发展趋势

传统体育不仅是历史的发展过程,而且其功能决定着其生命力。其发展过程既受特定的社会环境影响,如政治、经济、地域等历史因素,也经受着形式各异的文化冲击与融合演变。这就促使其多元化功能开始呈现并不断发展。

原始社会早期,出于生产和生活的需要,骑马、射箭和武术等传统体育项目应运而生,这些体育活动既能强身健体,适应自然法则,也能在抵抗外敌入侵和守护家园方面发挥重要作用。而随着生产力的提高和社会经济的发展,人民对体育活动的形式和内容要求越来越高。单一功能的体育活动逐渐被多功能所替代,开始呈现多元化发展趋势,表现在:要求传统体育活动除了具有强身健体、娱乐休闲和教育价值外,还能够弘扬和传承文化,对经济发展具有促进作用,更能彰显人文内涵和修养。

(二) 意识由自然转向为自觉的发展趋势

社会心理不仅对传统体育文化具有深远影响,而且是其重要组成部分。

中华民族历史悠久，具有自强不息的精神，这种精神一直以来积极地促进着传统文化的发展。但是随着时代的变迁，社会发展和文化传播逐渐被保守观念所阻碍，这也造成了传统体育文化的保守性。

随着近现代全球文化一体化的到来，文化交流的渠道和形式更加丰富和频繁，中华体育文化抓住时机，充分利用其独特性和功能性，在全球文化一体化成果中崭露头角。中华传统体育文化不仅成为世界文化不可或缺的一部分，其文化意识也以自觉替代了原有的自然。

（三）由引进为主转向为自我的发展趋势

中华人民共和国成立后，提高运动技术水平的任务迫在眉睫，这也是当时对外体育交往中表现最为明显的特征。在此环境下，引进是我国传统体育交流的主要方式。从20世纪50年代开始，我国采用苏联政府的管理体制，县级以上政府相继成立体育运动委员会，以全运会为主导的全国运动竞赛制度逐渐建立起来。这种体育交流思想在计划经济时期曾对我国体育文化的发展起到过积极的推动作用，但是，随着我国由计划经济体制向社会主义市场经济体制转变，它的缺点也逐渐显现。现阶段，体育文化发展模式已开始向适合本族特点的多元体育文化方向转变。社会成员体育自主意识、平等意识在不断增强。体育文化上的自主性与追求个性化的主动性，促进着多元化的体育文化发展模式的形成，并为我国体育文化的自我发展创造了条件。

（四）由注重经验转向为科学的发展趋势

在传统社会中，由于生产力和科技水平的影响，体育水平和文化发展受限，体育健康教育的推广存在一定困难。因此，体育的管理，包括决策，在很大程度上或基本上依赖于经验判断和个人偏好。

随着社会的发展和进步，生产力和科技水平不断得到提升，体育决策和管理也趋向合理化和规范化。一方面，科技水平和体育教育水平的提高为现代化科学决策体制的建立奠定了基础；另一方面，电子化、信息化发展并应用于运动训练中，同时国家体质检测网的建成等各方面因素使体育决策更加科学化、规范化。

随着知识经济时代的到来，传统体育受到的关注越来越多，人们对其认知程度也越来越深刻，同时，人们也能够采用更多方法和手段，从多视角和维度对其进行研究。如在研究视角上，有从人类学角度出发进行研究的，也有从政治、经济学角度出发进行研究的，还有从竞赛学、教育学、社会发展学等角度出发进行研究的；再如在研究内容上，有研究其概念和起源的，有研究其特征和发展历史的，也有研究其体系建设和人才培训的，更有研究其发展轨迹和趋势以及产业化等形式各异的内涵的。这些研究，为传统体育文化的健康、顺利发展提供了理论依据和来源，为其更好地实现科学化、合理化提供了保障。

（五）由应试教育转向为素质教育的发展趋势

传统文化观念和价值取向树立了传统体育文化的技术主体和审美标准，属于被文化认同和接受的一部分。随着我国教育改革的不断深入和教育观念转变，传统教育模式需要调整和更新，而近年来，在我国教育工作者的探索和努力下，教育工作实现了两次大转变：一是从只灌输知识到知识结合能力的双向培养；二是由知识与能力的培养转为注重素质的提升。这标志着素质教育逐渐开始取代原先的应试教育。

个性教育和素质教育并不是独立存在的，而是相互促进、密不可分的有机结合体，同属于现代体育工作的两大要素和特点。高素质是个性化培养的前提，而个性化是高素质培养的方向和目标。因此，二者相辅相成，联系紧密，体育教育工作者应正确把握两者之间的关系，顺应趋势，努力培养高素质人才，并以此为基础，做好个性化培养，为国家和社会提供更多合格、优秀的人才。

四、传统体育文化的价值分析

（一）社会价值

传统体育文化是植根于中华文化沃土之上的灿烂的文化瑰宝。传统体育各个项目在经历了长期的文化积淀之后，已成为各族人民生活中的重要组成部分。

传统体育文化以传统的农业社会为背景，长期以来，在培养、造就各族人民优良的精神品质、强健的体魄、规范的社会行为、和谐团结的社会实践中发挥着巨大作用。随着被社会的认同，传统体育文化已越来越受到重视，在全面实现和谐社会发展的进程中，我们必须要思考它的价值所在。

1. 树立正确的伦理价值

所谓伦理，就是指在处理人与人、人与社会相互关系时应遵循的道理和准则。伦理是指做人的道理，包括人的情感、意志、人生观和价值观等方面；又是指人与人之间符合某种道德标准的行为准则。不同的伦理道德观念体现出的是不同传统体育文化的内涵。例如，中国武术历来提倡"武以观德""未曾学艺先识礼，未曾习武先明德""武以德立，德为技先"，以"尚武崇德"为习武教育的基本准则。又如古代养生中的"内外兼修""形神兼备"等哲学观念，它们体现了东方哲学的强大渗透力和传统体育文化所蕴含的深刻哲理。

2. 强身健体价值

传统体育活动开展的主要原因有两个：一是生产力水平较低，二是劳动者身体素质较差。这两个主要原因影响着社会经济的全面发展。发展传统体育文化、积极开展体育活动，可以提高国民身体素质，使劳动力在生产过程中达到增值的作用，还可以加速体育产业的发展，通过发展体育产业提高本地区的经济效益。

强身健体是体育最基本的特征，传统体育亦不例外。由于体育的文化属性及其运动形态，所以传统体育在增强人的体质、调节人的心理情感、丰富地区人们的业余文化生活等方面都具有特殊的意义。如摔跤、高台舞狮、抢花炮、打磨秋、跳海、踢毽子、打鸡毛球、舞龙、舞狮、斗牛、赛马等活动都是各族人民喜爱的体育活动。这些体育活动或来源于生产劳动技能的传承，或来源于军事斗争，或来源于生活娱乐，或来源于精神的传承，等等。这些活动往往把传统文化寓于体育活动之中，使体育具有鲜明的娱乐健身性，并且以自娱自乐、消遣、休闲和游戏的活动形式出现，吸引着人们积极参与。这些活动将传统性、地区性等贯穿于体育性之中，无疑已经体现出其所具有的文明和进步。这些活动都与各族人民的生活、生产息息相关,在丰富和改善各族人民的生活中起到了积极的作用。这些体育活动都是千百年来各族人民喜闻乐见的活动形式,有着很广泛的参与性,它强调的是娱乐、健身、休闲,而非体育竞技水平的展示,它摆脱了技术规范对人的制约,使人在活动过程中更加自由,心情更加舒畅。

3. 传承文化的教育价值

传统体育文化的功能除了具有强身健体、维持民族的生存与发展以外,最重要的是在民族的传统体育内输入了一种特殊的文化内质,与教育实践结合,并向社会生活中的各方面逐步渗透,形成一种新型的复合型的文化形态,具有原始的教育功能。

传统体育文化是在地理环境、生活方式、历史发展进程、习俗等因素的影响下逐步发展完善起来的。在学校教育中大力普及和推广传统体育项目,不但可以弘扬传统体育文化,而且还可以推动我国学校体育教学改革。传统体育项目具有丰富多彩的内容和形式,以及独特的风格,融思想性、趣味性、健身性、娱乐性等为一体,因此受到学生们的喜爱。新一轮的课程改革提出,赋予学校合理而充分的课程自主权,为学校创造性地实施国家课程、因地制宜地开发学校课程,为学生有效选择课程提供了保障。将传统体育文化作为校本课程与地区学校体育结合起来,不仅可以使学校体育多样化,打造地区学校体育特色,而且对继承和发展传统体育文化具有积极作用。

传统体育文化与学校教育相结合,一方面能够使地区学生全面锻炼身体,提高身体素质和人体基本活动能力以及对自然环境的适应能力,使学生在掌握传统体育运动的基本知识、技术和技能的同时,学会科学锻炼身体的方法,养成经常锻炼身体的习惯,使之终身受益;另一方面,也能使他们在参与传统体育活动的过程中受到民族传统体育文化的熏陶。

(二)美学价值

传统体育活动是一种人文实践活动,它的发展与人类社会的发展有着相同的节拍。在人类起源时期,人类还没有体育意识,只有简单的身体活动。

经历漫长的进化，体育活动脱离了模仿动物和训练生存技能的自然阶段，演变为浑然一体的有关身体方面的文化现象。人们跑、跳、投掷、角力、戏水，使身体得到充分而自由的运动。传统体育文化之美，便萌芽于这些活动之中。

早期的教育活动不能依靠文字，甚至不能依靠多少语言，而主要是通过身体动作示范，来传授生存技能。在对身体的有意识运动和观赏过程中，缓慢地生长出体育的萌芽，同时孕育着美的幼苗。

远古时期的跑、跳、投掷、格斗、攀登、游水等身体训练虽然是原始教育的组成部分，其活动形式也貌似体育活动，但其目的不是增强体质和增进健康，而是掌握赖以生存的生产技能，是简单劳动的必须准备环节。即便是对年幼一代进行的攀高、奔跑、跳跃、投掷等身体基本运动能力的训练，也主要是为了传授生存技能，而不是以提高身体健康为主要目的的体育活动。不过，传统体育的萌芽却是植根于这些原始的身体活动形式之中的。同时，这些为了满足生存需要而进行的身体活动虽带有强烈的目的性，但也孕育出一些原始审美的因素。

随着各族人民生活资料的逐渐丰富和余暇时间的逐渐充裕，一部分具有游戏性质的身体练习活动得以开发，成为娱乐的手段，美和美感亦随之产生。各民族在发展过程中，不仅创造了多样的传统体育活动形式，而且还赋予其美的内涵、丰富的美学因素，它们为传统体育活动增添了无穷的魅力。每个体育事项，从某种角度而言，都是一种美的载体，表现着民族的美感形象，浸渗着民族的审美观念，具有一定的审美价值。

传统体育发源于各族人民历史生活的各方面。每一种传统体育的形成，并不一定只限于某一历史内容，或某一些形式，而是融合着多重丰富的内蕴，集中表现了一个地域的人民的智慧、力量、意志和情感；每一种传统体育及体育活动都从不同程度上体现了各地域人民自由的、有意识的创造活动及其创造才能、智慧、思想、品格、感情等本质力量。

因此，传统体育文化的美也不只是表现在某一方面，而往往是多种审美观念、美感形式的有机组合，带着特有的审美意识、审美标准、审美追求、审美愿望和审美情趣，注入世界体育之林。人民创造了传统体育文化，同时也创造了传统体育文化的美。因此，传统体育文化可以被作为一种美的形态来认识。

1. 传统体育文化的自然美

自然美即自然事物的美。自然美在于自然事物的本身，是自然事物的属性。自然美是自然的人化这一历史进程的结果，自然美具有区别于其他形态的美的特殊性。自然美重在形式，它首先是以其自身的属性如形状、色彩、声音而引起人的美感。

在人们赖以生存的自然界中存在着各种各样的美的事物，而人是自然界的成员，所以人体的美也是一种自然美。人是体育活动的主体，是体育活动中最基本、最活跃的实体，因此体育活动能够最充分、最丰富地表现人体美。运动过程中匀称的体形、强壮的肌肉、形象而优雅的动作、端庄的姿态、优美的造型和线条、明快而富有变化的节奏会使人赏心悦目，给人以美的享受。因此，在自然界里，传统体育文化是一种客观存在的美，传统体育文化的自然美是体育文化形成过程中的一种表现，其借助于人的自然实体，融美的意识、美的动作和美的感觉于一体，具有自然美的属性。

2. 传统体育文化的形式美

形式美是指生活、自然中各种形式因素（色彩、线条、形体、声音等）的有规律的组合。形式是构成美的形象的必要条件，体育活动的多样化正是美的体现和美的创造，也正因为如此，才使体育活动具有无限的艺术魅力，人们因此才能领略到缤纷多彩的体育美的奥妙。

作为传统文化重要组成部分的传统体育文化，它来源丰富，与自然环境、生产生活、风俗密切相关，内容形式多样，文化内涵积淀深厚，在体形、姿态、技术、表情、语言、行为、服饰、器械和环境等方面表现出丰富的美的内容和多种美的形式。传统体育活动有其独特的美学形式，往往是多种美的形式的综合体现。

3. 传统体育文化的艺术美

艺术来源于现实生活，又超越现实生活，它丰富了人们的精神世界，具有创造性和超前性的特征。艺术美也是自然美和社会美的集中反映，是最高级的美。体育活动不仅有强健身心等实用价值，也有艺术的审美价值。体育运动中的艺术美主要表现在节奏、韵律、造型等方面，形成了美的和谐与统一。体育运动中的反复、变化、层次、停顿等的恰当运用，不仅可以产生极强的节奏感，而且会呈现出鲜明的韵律感，并能把体育运动本身的节奏转化为参与运动者和观看运动者的心理因素，引起共鸣，进而产生美感。造型美则是艺术美的另一个表现，体育也是一种造型艺术。

各民族在历史发展长河中，以自己所处的自然环境、生产生活等为源泉，充分发挥聪明才智，创造出各种具有高超技巧和多种形式的传统体育活动。美的创造是传统体育文化的核心主线，传统体育艺术美是通过创造实现的美。多数传统体育活动是一种人体表演艺术，通过经提炼的身体活动表达自己的思想。因此，传统体育文化既是一种外在优美的表演艺术，又是一种内涵深厚的活动。

艺术美使传统体育文化的内容丰富多彩，传统体育文化充分表现了体育活动艺术美形式与内容的统一。传统体育文化是运动形态、服饰、器材、音乐和自然环境的完美结合，艺术美使传统体育文化充满了生命的活力。

4. 传统体育文化的社会美

在远古时期，人类与大自然浑然一体，人类是大自然的一部分，是劳动将人类从自然当中剥离出来。通过劳动，自然界变成了人的对象世界；同时通过劳动，人的自然属性得到了改造，人的各种感官变成了社会的感官，人成为社会化的人。体育活动在其本质上与劳动是相通的，它使人类自觉地将自身的自然属性培养成为社会属性，从而达到生命的自我实现。因此，体育美既是自然美，又是社会美，是自然美与社会美的统一。

社会美是指社会生活中的美，它源于实践，是实践的最直接表现。美的社会属性首先表现在它对于社会生活的依赖，它作为一种社会现象，离不开人类的社会生活。在体育活动中，人既是主体又是对象，既是目的又是手段，既是表现内容又是表现形式。而人的本质在其现实性上，是一切社会关系的总和。

传统体育文化的本质决定了其美的社会性。这是因为传统体育文化是人类社会实践的产物,它是人类创造性劳动的成果,是人的社会生活的一部分,并随着社会实践的发展而发展。因此,传统体育文化的社会美存在于人对自然的征服和改造以及其他方面的生活过程之中。人的美首先在于人的自由创造活动,即人的生命活动。人的生命活动之美正是社会美的核心。

5. 传统体育文化的和谐美

和谐是人类生命存在的基本条件,又是人类与生俱来的普遍要求。和谐孕育了美,和谐积极地推动了美的创造。和谐是美的真谛。体育美有其独特性,它追求人类生命的和谐,它所力求把握的是每个历史阶段产生的人类生命的最高完美形态。

(1) 人与自然。人类通过自己的实践活动,努力去改变对象的客体存在方式,使其符合自己的审美理想,形成新的人与自然的和谐。人是唯一能够将自然必然性与主体能动性加以整合的存在物,传统体育文化则是各民族人民与自然和谐整合的结果,表现了人与自然在人的高度自觉的活动中所实现的统一和主客体的一致。

(2) 人与社会。传统体育文化的产生和发展具有广阔的文化背景和深刻的社会价值,既是社会群体的创造也是社会群体的特定需要,其满足了人类群体和个体自我创造的某些需要。传统体育文化是劳动方式的再现,是对人与动物相争、人与自然相斗的模仿,因此具有较强的社会性。传统体育文化在其创造过程中可以培养人的刻苦、顽强、坚毅、勇敢、果断、自信心、自制力和进取心等意志品质。各民族的体育活动往往是有组织的社会活动,能培养人的纪律性、协作精神和集体主义精神。传统体育文化的一些约定俗成的规则,能培养人的公正、诚实、谦虚、礼貌和友好等优良的品德作风。传统体育文化的竞争性,能培养人的拼搏和进取精神。

第二节　体育文化传播及其思维态势

一、体育文化传播的新时代特征

中国体育文化的对外传播主要指通过大众传媒，以各种形式和手段向境内外的外国人传播有关中国体育的相关信息，传播中国对有关国际体育事务的认识、观点、立场等的一种实践活动。它是一个系统而复杂的工程，在这个信息迅速发展的社会，中国体育文化的对外传播主要表现为以下特征。

（一）体育文化传播与国际接轨的必然性特征

文化之所以存在传播，是因为文化的多样性和差异性，是因为不同的文化具有不同的构成特色。在人类历史上，各个民族之间的差异，造成了文化的传播，文化传播发生的前提也正是两种异质文化的接触。中国传统文化与西方文化有很大的互补性，中西文化的接触可以产生一种既体现西方文明又体现中国文明的模式。

体育文化存在于一定的民族、地域文化之中，在社会发展过程中具有其独特的表现形式。中华民族以其未曾间断和博大精深的文明的独特魅力闻名于世，其不仅在世界文明发展史中享有极高的地位，而且在当代世界文化发展中发挥着积极的作用。数千年传统文化孕育下的中国体育，随着民族文化的繁荣而不断壮大。

（二）鲜活的直观性与信息接受的即时性特征

体育作为传媒重要的内容来源，之所以是传媒获得大众市场、取得市场回报的重要内容支撑，是因为在人类社会中生命力是第一位的，而体育无疑正是人类生命力的一种最好体现。体育赛场上生动直观、色彩丰富、图像逼真的画面成为人们视觉的中心，它使受众在运动员的激烈竞争中看到了人类自身超越的实现，满足了受众真实感的心理需求。

人类自进入信息社会以来，电视卫星转播，国际互联网和信息高速公路，使得信息跨地区、跨国界传播得到实现，整个世界变成了一个"地球村"，信息资源共享、全球生活同步、时空差别不再明显。作为现代社会文化传播的一个分支，体育文化信息得到即时传播。

（三）时空的延展性与内涵的丰富性特征

在文化传播媒介的历史演进过程中，随着广播、电影的出现和发展，特别是电视的普及和网络传播的广泛应用，改变了人们接受信息的方式。在这种纷繁的视觉文化的作用下，人们的感官被延伸，体育文化传播的时空被延展。以大众传播媒介为载体的体育文化传播，不再局限于体育赛场面对面的直接交流，人们在不同的空间中同时进行参与和交流成为可能。运动员的激烈角逐、成绩的取得，都是在不同空间的观众共同见证下完成的。

体育传播时空的拓展，为人们从不同的角度和不同层次去挖掘、展示体育的丰富文化内涵提供了条件。通过体育与精神文化的紧密结合，发挥了文化对人的社会行为的调节、控制功能，人的行为变得崇高，并赋予体育运动价值观念，使之成为高尚的社会文化活动。体育在文化中表现出的最高精神产品是人的智慧、美和尊严。展现在人们面前的体育已经不再仅仅是简单的身体运动，而是健与美的陶冶、心灵的净化。没有任何歧视的平等的竞赛，为人类社会创造了一种公平竞争的文化典范，建立了一种有助于身心协调发展并不断提高的生活方式，推动着人类文明的进步和社会的发展。

（四）传播对象的广泛性与形式内容的多样性特征

随着社会的进步和体育的发展，体育已经成为每个公民所拥有的权利，并逐渐成为人们生活的组成部分。体育与大众媒体的结合，为体育插上了翅膀，使其跨越时空的屏障进入人们生活的各个角落。在大众媒体的作用下，关心、观赏体育的人数激增，人们不分性别、年龄、肤色、种族和政治信仰，被运动员激烈的角逐和精湛的技艺所吸引，观赏和参与体育运动已经成为人们的生活内容和方式。

体育传播受众的广泛性，依赖于体育传播形式和内容的多样性。体育组织传播、大众媒介传播和网络传播等多种传播形式，以及体育比赛新闻要点、比赛实况、体育明星的人物报道等多种传播内容，极大地满足了受众的

第六章 体育文化传播与健康发展

需求。因此，体育在全世界范围内得到了空前的普及和发展。

二、体育文化传播的思维解读

随着经济体制改革的不断深入、科技的迅猛发展以及全球化进程的加速，我国社会文化格局处于纷繁复杂的兼容、渗透、衍化的动态整合阶段。而体育文化作为文化的重要组成部分，其发展形态也受到一定影响。一方面，体育以前所未有的速度和规模通过大众传媒的传播，影响着社会政治、经济、文化等各个方面；另一方面，中国体育文化在西方竞技体育的影响下，承受着越来越沉重的生存和发展压力。面对这一现实，作为生产经营体育媒介产品、传播体育信息的有效工具，大众传媒应该如何在跨文化语境下，准确定位文化价值取向、有效实施体育文化传播策略、建构健康的体育文化形态和生活方式、把经济效益和社会效益有机统一起来，成为体育文化传播面临的一个重要课题。

体育文化是动态的，有着不同特质的体育文化形态之间因为差异性的存在而相互摩擦碰撞并相互借鉴吸收，从而最终推动体育文化不断向前发展。在跨文化传播下，我国本土体育文化有了一个与世界各国体育文化相互交流的平台，这也成为我国体育文化走向世界的重要语境。

（一）注重体育文化传播的本土化意识

经济全球化的态势越明显，对文化本土化的要求就越强烈，这正是人类文化理性的体现。本土化是传统体育文化安身立命的根本所在，中国体育项目一旦脱离了本土特定的语境，离开了对本土文化的真实折射，体育文化的生命力就将变弱。因此，在新的形势下，中国体育文化的传播必须担当起复兴本土体育文化个性的大义，以本土体育文化应对国际强势体育文化的冲击，并以此形成自身的核心竞争力。

（二）与传媒融合实现产业化发展

基于科技的迅猛发展和全球化趋势的加强，大众传播媒介已成为体育文化跨国传播、相互交融的有效载体和推进体育文化国际化进程的有效手段。体育与大众传媒联姻实现产业化是其发展的必由之路。借助现代传播工具，如电视、广播、报纸、杂志等，进行文化包装，这在信息时代非常必要。拿电视这一传播工具来说，从体育产品的前期准备、宣传到节目的策划制作，再到后期的销售以及相关衍生产品的开发等这一系列活动，都应该被纳入体育文化传播的产业链之中。

（三）体育产业要走市场品牌化道路

市场化是体育文化产业生存的必然选择，这是无法回避的事实。事实上，体育文化产业的国际化进程具备一定的优势，如规模巨大的受众市场、潜力无限的广告市场、独具特色的文化等。我们需要将这些有利条件转化为竞争优势，形成体育品牌，并以此打开国际化市场。文化产业市场化不等于文化市场化，体育文化产业市场化主要是从经营和运营方式来讲的，它要求文化产业进入市场领域，遵循市场规律，但文化内容特别是涉及意识形态和精神世界的文化内容，不能简单地交给市场来定夺。体育文化产业要走市场品牌化道路，体育文化要将市场观念与文化精髓相结合。

（四）开放心态，兼容并包，和而不同

在当今文化多元化时代背景下，中国体育文化应以本土文化为本，客观地审视外来文化，并以空前宽容大度的态度和海纳百川的气魄来吸纳不同文化形态中有益于自身发展的部分。当然，开放心态需要先建立民族传统文化的自信心，只有这样才更容易接纳外来文化。此外，在多种文化形态兼容并包的同时，还应该深入挖掘个性特征，实现优化组合。在全球化背景下，无论是对民族内部的其他体育文化还是对外来文化形态，体育的发展都需要通过文化主体的文化自觉和文化选择，实现由文化冲突向文化整合的转换与重塑。

三、体育文化传播的崭新态势

（一）竞技体育地位稳定，保健运动方兴未艾

因为竞技体育能够表现出人类的潜能，所以其原本就在人类进化过程中发挥着参照的作用。自从竞技体育获得政治家和企业家的重点关注后，这个人类特殊文化活动的发展速度不断加快。由以往的奥运会可知，各个体育代

表团的表现往往体现出各个国家的民族情绪与国家意志，这对于很多立足于提升国际形象与国际地位的国家起到了至关重要的作用，因而很多国家制定了强化竞技体育的政策。

在竞技运动水平和运动成绩不断提升的情况下，运动员只凭借自身天赋和力量来获胜早就成为历史。在今天，运动员取得成功的必要条件包括自身运动才能、常年艰苦训练、高水平教练员、现代化训练条件、控制训练过程处于最佳状态的精密仪器、丰富的国内外比赛经验等。一名运动员在奥运会上取得的成绩也会反映出他所处的社会的物质条件，包括能否为他提供这些条件以及提供的水准。从某种意义上看，运动员取得的运动成绩更能反映出一个国家和社会的力量，而绝非个人的成败。因此，运动员在竞技场上拼搏的胜负，更多地会被视为国家力量的综合体现。

然而，只具备以上条件是远远不够的，仅仅具备了可能性而已。奥运会上，运动员的个人之争已经转变为不同民族、不同国家间象征性的竞争。对此，国际奥委会曾反复声明，奥林匹克竞技是个人之间而非国家之间的比赛。但在奥运会过往的百年历史中，没有任何一名运动员能纯粹代表自己步入奥林匹克竞技场，因为任何一名参赛者都必须经过这个国家或地区的奥委会允许才能参赛，因而他们也是国家的代表或地区的代表。覆盖世界各地的电视通信网络系统则利用一系列技术方式把此类竞争的象征意义呈现在无数观众面前。同时，近些年的奥运会和其他国际竞技运动比赛逐步让这种象征意义在人们心中扎了根。

因为竞技运动的比赛结果具有不可争辩性，所以运动员的成绩代表着自身的国家或地区的荣誉。奥运选手的表现与国家的形象紧密联系了起来，并上升到人们的民族认同感的层次上来，起到了增强民族凝聚力的作用。这不仅是当今世界很多国家热心对待奥运会的主要原因，还是所有举办城市都尝试在建筑、设施、服务等方面实现比上一届更好的原因。

社会的发展促进了人类物质文明的进步，因此人们健康观念正逐渐转变。首先，人们不再认为没有疾病就是健康，而是认为当身与心都处于积极健康的状态时才算健康；其次，为增进健康、改善体质，人们愿意进行合理的花费，因为预防疾病要比治疗更合适而且花费少；最后，人们更加重视自我保健，认识到健康与人们养成良好的个人生活习惯是密不可分的。

自我保健运动的主要内容包括彼此作用的科学营养、存在规律的有效体育活动，以及锻炼、戒除不良嗜好等，其中，维持个人良好的生活习惯是一项最为重要的因素。

（二）健身健心势头强劲，体育教育终身发展

就工业社会生产力而言，机器是重要因素，而异化劳动是由机器生产所造成的。体育能潜移默化地消减异化劳动产生的负面作用，积极地抗衡异化劳动。正因如此，工业化社会体育发展的方向，就是消除异化劳动带来的生理疲劳，促使人们积极参与体育锻炼，特别是积极参与比较简单、比较平和的运动项目。除此之外，人们逐步认识到，延长人寿命的深远意义是延长人的"黄金时代"，具体而言就是尽全力愉悦身心，享受生活，而并非苟延残喘，因此，人们必须将更多的精力投入到健身与健心两个方面。健身和娱乐体育的蓬勃发展，促进了体育的社会化、终身化、娱乐化和生活化。随着生产的发展和科技的进步，用于健身的经费和设施得以保障，人们将更多的闲暇时间用来健身，这为健康体育和娱乐体育提供了生存条件。现在人们对从事健身运动的热情十分高涨，健身运动行业呈现出蓬勃发展的势头。健身运动正成为不同年龄段、不同性别和不同职业的人们日常生活中必不可少的内容。因此，体育工作者不仅要在学校向学生传授正确的健身运动知识与健身运动技能，还要大胆走向社会，服务于更多的人，给社会各个领域的人们带来科学、准确的健身运动计划与健身运动指导，从而让健身运动朝着最佳道路前进。

毋庸置疑，随着教育的变革，体育教学训练在今后必然会涌现出更多崭新的课题，同时，体育教学训练体系也会发生实质性的变化。首先，体育教师必须要教会学生怎样才能成为一名合格的终身学习者，教会学生怎样成为一名终身参与体育锻炼的人；其次，体育教师不仅能让学生掌握有效的锻炼方法，还要培养学生学会创造自我和进行适度体育锻炼的技能，以及培养学生养成体育锻炼的好习惯，从而使学生有获取和运用锻炼信息的能力；再

次，激发学生参加体育锻炼的兴趣，让学生积极投入自我保健和健身运动中去；最后，随着更多成年人重返校园，体育教师应该针对中老年人制订相应的体育锻炼的指导性计划，以满足他们的需求，提高他们的生活质量。

（三）体育科技快速革新，体育产业发展良好

科技与体育携手走过一段繁荣发展的阶段。在如今高科技快速发展的时期，通信技术、电脑技术以及闭路电视系统在不断升级。家用电脑和智能手机成为人们必不可少的重要设备。它们在体育运动中也发挥着重要作用，如协助人们对生物力学进行分析，设计体育控制、管理报告系统，制订锻炼指标，用测量记录分析体质与健康状况，设计比赛并及时获取准确的必要数据和信息。体育科技对体育发展起到了推动作用。

现代奥运会参与人数的持续增加使奥运会已经成为全世界规模最大、最需要多系统与全方位高科技支持的人际交流活动。与举办奥运会相关的所有活动，例如，参赛选手的科学训练及赛前心理准备，赛事的组织管理、信息传递，运动员食宿及交通保障，比赛场馆设计建造与新技术运用，更新比赛装备，改进裁判器材，运动员安全保卫及违禁药物检测分析都涉及科技。

近年来，每逢奥运会开幕，为参加、报道、观赏世界最高水平的体育盛会，全球二百多个国家和地区的体育代表团、大众传播媒体及游客观众来到现场。这给现代科学技术成果的运用、展示与交流创造了十分难得的机会，让奥运会变成最新科技成果的"交流平台"与"展览橱窗"。随着奥运会在世界各地影响力的不断增加，在世界各国传播媒体的密切关注下，奥运会赛场上所应用的最新科技成果和科技知识往往会被迅速传播与广泛扩散。奥运会提高了传递科技知识的速度，从某种方面看，它已经发展成科技成果展示与交流的博览会。除此之外，包括奥林匹克科学大会在内的一系列会议也为交流科技成果提供了良好时机。

体育运动是人类的一项非常重要的实践活动，拥有自身的特殊规律和科学内涵。就竞技运动训练过程而言，其环节可概括为科学选材、系统训练、伤病防治、医务监督等。随着奥运会在全球范围内引发的热潮，以及竞技运动水平的不断提高，奥运会上的竞争日趋激烈，这就导致夺取奥运金牌的难

度越来越高,所以科技工作变得尤为重要。在很多项目中,科技的运用让体育运动增添了更多的神采,如仿鲨鱼皮泳衣,它可以减少3%水的阻力,这在1%秒决出胜负的游泳比赛中意义非凡。运用科学的设计和高科技材料建设的游泳池,能够降低水波起伏对运动员的干扰,提高蹬池壁后的滑行效率。科技在运动项目中无处不在,涉及各种服饰、鞋袜、用具、记分设备、跟踪设备等。

在经济全球化引领下,体育产业提供的服务产品正在迈向体育资源国际化。目前,竞技体育已经成为无国界的运动,在全球化新时代下,体育资源国际化必将成为引领21世纪体育运动发展的主要潮流之一,并会对竞技体育发展和运动水平的提升起到积极作用。

第三节 体育文化传播的效果与发展

一、体育文化传播的精神效果

随着社会经济的不断发展,人们的生活逐渐发生了变化,大家越来越注重体育运动项目在生活以及工作中的融入。体育运动即体育活动,通过相关的活动可以增强人们的身体素质,并且能够促进人体形态的完美发展。但是,当前很多人因为工作较忙、学习任务较为繁重,所以没有过多的时间参与到体育活动当中。这不仅导致人们的身体素质逐渐下降,还影响着体育文化以及体育精神的传播。体育精神是体育运动的主要内容,更是体育运动发展中的高级产物,而体育文化传播与体育运动的发展也有着密切的联系。因此,在实际的体育运动过程中,我们不仅仅要了解与体育相关的文化,还要注重相关文化的传播,并以此促进体育相关工作的开展。

目前,我国的各种文化都得到了重视,体育精神与文化也不例外,但是,如果想要实现传承,就需要从体育运动的角度出发,让人民群众在实际的运动中了解、认识体育相关的文化,并逐渐形成对应的精神。尤其是在蕴含丰富传统体育文化的地区，更应该将其重视起来。对于这些地区，可以从文化馆和学校两个方向入手。文化馆主要面对的是社区的人民群众，而学校主要面对的是学生。两者均可以结合自己的特点设计符合受众的体育运动项目，让所有人都积极参与其中。在传播过程中要使人民群众清楚地认识到，传统体育文化不仅仅是一种文化，还是促进人类健康发展的主要因素。为此，相关内容的传播应被重视起来，通过体育精神与文化传播工作的开展，更多的人能够认识到体育运动的重要性，从而达到促进人民群众身体健康发展的目的。

体育活动是千百年来一直存在的一种文化，古人为了强身健体创造了很多富有价值的活动，并延续至今，与此同时，其体育精神以及与之相关的文化也传承了下来。因此，体育不仅仅只有较强的文化意义，还具有较高的引导价值。人们在体育活动中可以养成对应的精神，这对于其未来的发展有着积极的促进作用。另外，体育不仅仅是某一个国家特有的活动，还是部分国家和地区、部分民族的体育运动。不同肤色、不同国家、不同年龄、不同性别的人们可以通过体育运动进行交流、沟通，促进了世界和平与人类发展，其中最具有代表性的便是奥林匹克运动会，开展运动会的过程就是体育精神与文化传播的重要阶段。从体育运动的发展来看，它与体育精神和体育文化有着密切的联系。通过体育文化的传播能够为人们树立团结协作、不畏艰苦以及永不放弃的精神。总体而言，体育文化的内涵与人们的思想、行为、价值观念等都有着一定的联系。体育文化及精神的传播能更好地促进文明社会的建设并提升人们的素质。

第一，提高人们的自信心。人的自信心来源于很多方面，不仅包括学识、经历以及见识，还包括其自身的体魄以及形态等。而体育运动的开展就是为了帮助人们塑造完美的身体形态，并以此来提升人们的气度以及精神面貌。另外，很多人对体育运动有一定的误解，认为体育运动只包括一些体能类的项目，其实不然，在体育运动开展中还会涉及一些礼仪、审美以及价值取向方面的内容，这对于人的整体发展都有着积极的影响。在体育运动中提高自身的信心、完善自身的言行品德等对于一个人一生的发展都有着深远的影响。

第二,激发人们的爱国情怀。例如,我们在传播体育精神与文化过程中常常涉及我国体育文化的发展历史,这会让我们充分认识和了解中华文化的博大精深,并且可以激发民族自豪感。另外,在传播体育精神的过程中,我们一定会了解到奥林匹克运动会的开展情况,通过其中的内容我们不仅可以看到我国运动健儿的矫健身姿,也能够了解到我国奥运会获奖数量的变化,在提高民族自豪感的同时,激发了爱国情怀。在此种背景下,人们会对体育运动产生热情,会愿意了解相关的内容,会积极地投入到体育运动当中去,在促进人体健康发展的同时,使人们更好地形成爱国精神。

二、体育文化传播的发展策略

(一)体育文化传播模式的创新发展

1. 重视人性与文化的完美结合

中国特色社会主义发展道路非常注重人的发展。在体育文化的传播过程中,要贯彻把"以人为本"的理念融入体育报道和体育文化传播的内容中去,并以此来指引未来体育文化的科学发展方向。中国拥有五千年的优秀文化,体育文化在传播和发展的过程中需要更好地对优秀文化进行传承。因此,创新体育文化传播模式首先要重视人性与文化的完美结合,在宏观的社会发展背景下,体育文化的传播要体现人文精神,体现对人的尊重,克服世俗化和个人主义的体育文化传播,在传播的过程中加强对优秀文化底蕴的传播力度。在互联网时代,要积极引导大众拥有健康的体育情操,这符合将人性与文化完美结合来创新体育文化传播的发展模式。

2. 整合各种体育文化传播途径

在信息时代,体育文化传播的途径是多种多样的,包括各类体育组织、体育大众传媒等。但是,体育文化的传播形式和内容大相径庭,创新体育文化的传播模式,需要整合体育文化的传播途径和资源,促进体育文化的和谐发展。对体育文化的传播模式进行整合,可以将体育文化传播收益最大化,不仅节约人力、物力和财力,还可以促进体育传播组织和传媒进行有效沟

第六章 体育文化传播与健康发展

通。具体做法包括：建立体育文化传播协会，定期组织体育新闻记者进行学习和交流；对当前体育界出现的体育热点问题和最受关注的体育实践进行系列报道，分享成功的案例，对成功宣传体育文化的优秀人员进行奖励；让每个传播体育文化的单位和机构都有其传播的特长，避免媒体之间出现不良竞争现象；体育文化传播协会要设立科学的管理办法，将具有可操作性的管理模式应用到体育文化传播中去，以此为体育文化传播的健康发展保驾护航；等等。

3. 健全体育文化传播监管机制

当前体育文化市场缺乏科学合理的监督、管理、评价和惩罚机制。相关体育部门应针对当前体育文化市场出现的新闻报道失真等现象规范体育文化的报道内容，其内容要以"真实、健康和规范"为准绳，要求体育新闻记者提高职业道德、重视职业修养、对体育文化价值的判断要科学和专业，体育文化传播单位要具备相关的资质。建立科学的体育文化传播的监管机制，并定期对这些体育文化传播单位进行科学评估，对其发布的体育新闻的真实性要进行核实和打分。建立群众监督和政府监督双模式，建立起体育文化传播同受众者之间的桥梁，受众可以给体育新闻进行评分和评价，在体育文化的建设过程中更多地体现出普通群众的声音，借助群众的力量来规范体育文化传播市场和渠道。同时，聘请体育文化的专家为体育文化传播的机制贡献力量。对不合格的体育文化传播单位进行限期整改，限期仍无整改的，取消其体育文化传播的相关资质。

（二）体育文化传播的战略转型发展

在体育媒介化时代，对于中国体育文化传播而言，"文化体系建构"和"文化身份认同"固然重要，但探寻研究和运作推进体育文化传播的现实路径似乎更具迫切性和现实性。从发展战略的层面看，体育界和传播界有必要联袂"转型"，增强学科间的交叉研究、互渗互动，共同建构中国体育文化传播研究和传播的主线，一方面以学述理，另一方面以理造势，进而推进中国体育文化传播的发展。

1. 体育文化与传播研究的互动

（1）体育文化学术研究的"媒介传播视角"。在体育传播全球化的时代背景下，体育学术界在对体育文化传播的研究中增加媒介传播的考虑因素是极其必要，也是符合体育媒介化发展的大趋势的。事实上，体育文化学者的学术研究非常重视媒介在体育文化发展中的作用，强调学科间的交叉与互动。国外的一些有关媒介传播的著述虽然涉及的学科和领域广泛，但其很善于运用个案分析的方式把一些复杂的因素联系起来，对问题的解读简明易懂，这对我国体育文化传播研究思路和方法的转型具有重要的借鉴意义。

例如，杰·科克利的《体育社会学：议题与争议》深入分析体育运动与大众传播媒介以及其他诸多社会议题之间的内在联系；大卫·罗的《批判性读本：体育、文化和媒介》从体育文化与媒介、社会的关系认识和剖析西方体育文化发展中的现象和问题。总体上看，体育文化研究多关注主流体育运动的发展，以及体育与经济、政治、文化及大众传播媒介的关系，很少关注处于传播弱势地位的发展中国家的体育文化传播。然而，在体育全球化的进程中，即使是一些体育强国，也开始研究体育文化传播中存在的问题，研究如何发展民族传统体育文化，这也是"文化反弹"在体育学术界的具体表现。当前，国内大多数体育文化传播学者极为关注民族传统体育文化的发展和创新，如果我们在研究方法、视角和范式上适时转型，增加与传播学等学科的交叉与互动，就必然有利于拓宽体育文化传播研究的视野和空间。

中国体育发展要融入体育全球化进程，这一观点为大多数学者所认同。中国体育文化传播研究在注重传统体育文化创新发展的同时，也应思考在研究视角和研究方法上与西方现代体育文化相融合。从本质上而言，这也是一种体育科学精神层面的融合。而体育科学精神是在长期的体育科学实践中形成的共同信念、价值标准和行为规范，它的实质体现在追求真理时的"求真"上。

（2）媒介传播学术研究的"体育文化理念"。体育全球化时代，世界体育文化传播呈现非对称性。面对西方现代体育文化的强势传播，增强体育传媒的传播力对推进我国体育文化发展和对外传播具有重要意义。对媒体传播的学术研究和讨论应根植于中国体育文化传播的基本理念。换言之，从媒介传播学视阈研究体育传播媒介发展对体育的影响时，应时刻遵循中国体育文化传播的逻辑主线。

在全球化传播时代，新媒体不断出现，各种媒体不断碰撞、融合，各类媒体间的界限逐渐消弭，媒介融合速度加快。当今世界体育文化传播的发展已进入"渠道为王"的时代，要想让体育受众全方位接收体育文化信息，中国体育文化传播就必须适应全媒体时代的特点，拓展传播的新平台和新渠道。

2. 构建体育文化传播的主线

（1）顺应体育全球化发展，增强自身融合力。中国传统体育文化的发展必须要融入现代体育发展的主流中，这要求我们不仅要从传统体育的"自我"去看现代体育的时代价值和意义，而且也要求我们从现代体育的"他者"眼光反思中国传统体育的"身份"和"精神禀赋"。

转型时期，中国体育文化的发展要坚持弘扬民族体育文化的核心价值，拓展和丰富其内涵，同时顺应体育全球化发展的主体性特征。增强我国体育文化融合力主要体现在以下三方面：一是民族传统体育文化与中国文化的融合；二是中国体育文化与西方现代体育文化的融合；三是体育科学精神与体育人文精神的融合。

民族传统体育文化与中国文化的融合在体育全球化时代应表现为一种巩固、提高和拓展，是一种自我的"深度融合"，这有助于强化自身的文化特质，传承和弘扬传统体育文化的精髓。民族传统体育依存于某一地区特定的历史和文化背景。在体育全球化时代，中国体育文化（包括民族传统体育文化）要吸取西方现代体育文化的精华，不断增添现代元素，在体育全球化进程中找到与西方体育文化交流的契合点，进而为自己的发展赢得时间和空间。这是一种"广度融合"，也是一种"他者融合"。

体育科学精神是指在长期的体育科学实践中形成的共同信念、价值标准和行为规范，其实质体现在追求真理时的"求真"，而体育人文精神强调以人为本和对人的精神层面的终极关怀，其实质可以理解为"求善"。体育全球化时代，中国体育文化在与西方体育文化交流的过程中不可避免地发生碰撞和冲突，也极为正常，毕竟矛盾与发展是对立统一的关系。只有不断提高自身的融合力，中国体育文化才能更好地融入世界体育发展潮流。

（2）推动建立体育文化与媒体传播的互动机制。从发展战略上看，中国体育文化传播要彰显自己的文化主线，就要通过体育传媒资源与体育文化的互动，形成中国体育文化传播的学理研究和实践运作的新机制。要根据媒介融合的传播趋势，不断增强我国体育传媒在世界体育传播中的影响力，并强化中国体育传播的文化诉求。应加快推进我国传统体育文化的开掘、整理和创新，认清传统体育文化媒体传播的社会价值、经济价值，探索多媒体时代传统体育文化的媒介形态。中国体育文化发展和传播要走出传统—现代、中国化—西方化的二元悖论。在发展中，我们应关注三个取向：一是方向性，它代表世界体育文化的发展方向，体现为世界影响力；二是普遍性，它制订出简单易懂的规则和标准，体现为文化吸引力；三是境界性，它占据体育精神的制高点，体现为价值观感召力。总之，转型时期中国体育文化传播应推进体育传媒的文化诉求与体育文化发展主线的契合。这也是中国体育文化传播战略转型的关键点之一。

（三）"互联网+"时代下的体育文化传播新境遇

"体育事业的蓬勃发展丰富了中国体育文化的内涵。体育文化的传播需要策划，更需要顶层设计、整体规划，需要各界共同发力。"[1] 随着网络信息技术的发展，互联网已成为重要的信息传播手段，"互联网+"模式已成为新时代信息传播的一种新渠道。这种传播方式渗入社会生活的各个方面，给体育文化传播也带来了新的机遇。为此，体育文化传播应积极适应这种网络传播方式，形成"互联网+体育文化"的共享模式，增强体育文化传播的影响力和辐射范围，进而提升体育文化的传播竞争力。

文化是一个民族发展前进的不竭动力，是一个社会综合影响力的重要方面，持续的、深厚的和广泛的影响力，对于一个民族和社会的发展都会起到

---

[1] 周杰. 做好新形势下中国体育文化传播[J]. 新闻战线，2023（19）：21.

积极作用。体育文化作为文化的重要组成部分，对于体育事业和体育产业的发展都有着重要影响。尤其在互联网背景下，国际文化日益交流碰撞，给我国体育文化发展带来了机遇和挑战。而增强体育文化传播效果、创新体育传播策略，可以更好地增加体育文化的影响力和竞争力。这对于中国体育文化的发展有着明显的促进作用。

从全民健身的视角看，体育锻炼与体育文化已经逐渐渗透到社会生活当中，成为人们生活中的重要组成部分，而体育文化传播对于体育相关领域的发展也起到了重要作用，体育文化传播的影响力能够让社会大众认识到体育活动、体育项目和体育精神的积极意义，进而可以影响到更多的人参与到体育中来。同时，体育文化传播增加了人们对于体育文化的认同感和自豪感，对于继承和弘扬体育文化、增强国家综合实力、提升国际地位也有一定的促进作用。在互联网时代，体育文化实现了传统媒体与新媒体的有机结合。这种结合推动了体育文化传播方式的创新发展，打造了时效性和传播性更强的传播方式，可以更好地实现体育文化的广泛传播与可持续发展。

1. 树立"以人为本"的体育文化传播理念

体育文化传播的终极目标是培养人们的体育意识、铸造体育精神、增强人民体质和提升体育文化素养，从而促进人的身心健康和全面发展。为此，在互联网环境中，体育文化的传播始终要坚持"以人为本"的传播理念，形成健康的、积极的传播方式和传播效果。这就要求体育文化的传播应坚持正确的价值导向，同时，要在整个社会形成一种乐观向上、积极进取和终身发展的体育价值观。其中，体育价值理念体系应始终围绕着新时代社会主义核心价值观，并能够将其与体育文化融合并渗透到社会大众生活中，从而引导社会大众形成良好的生活方式。另外，在以人为本的传播理念的导向下，体育文化传播应坚持传播的全面性、普适性，并满足人们多元化、个性化的体育需求。

2. 打造丰富的体育文化传播品牌

在互联网环境下，不同国家之间的体育文化交流日益频繁，这给中国体育文化的发展也带来了一系列影响。在这种背景下，要想提升体育文化的竞争力和影响力，就必须塑造精品的体育文化传播品牌。体育文化传播既要具有大众性，也要具有鲜明的个性，只有这样才能使得体育文化在竞争中脱颖而出。为此，体育文化传播应从社会实际出发，以传播主体为基础，通过发掘、分析和展示传播主体的优势和特点，制定出具有长期性、系统性和创新性的可持续发展策略，并在此基础上形成具有广泛影响力的体育文化传播产品。对于我国体育受众而言，CCTV5 最为大众所熟知，该频道凭借国家电视台的地位和自己的综合实力，为观众呈现出不同的体育赛事和相关的理论性讲解，在我国体育传播中占据着主要位置。

另外，随着互联网的发展，央视网、中国网络电视台等的体育频道也成为体育传播的新宠，成为社会大众获取体育赛事和体育文化的主要传播品牌。此外，一些地方电视台和网站根据自身的资源和优势，也塑造了具有一定影响力的品牌，如河南卫视的《武林风》节目，经过多年的发展，已经开始从国内走向世界，打造国际化的体育赛事，这对于中国武术精神和武术文化的传播有着积极的推进作用。显然，体育文化传播需要个性化的发展和品牌化的经营发展。

3. 形成多元化体育文化传播模式

随着人们生活水平的显著提高，人们接受信息和认知外界的方式有着明显的变化，人们对于精神文化生活的追求呈现出多元化的特点。因此，体育文化的传播应建立多元化的传播渠道。要加强传统媒体和新媒体的互动合作，充分利用这两种媒体的长处与优势。一方面，传统媒体在传播内容上具有权威性、真实性，通常情况下代表着"官方的声音"，往往要比自媒体和新媒体等给出的信息更加真实可靠；另一方面，新媒体等媒介更具有灵活性、针对性和方便快捷的特点，在传播速度和传播范围上有着一定的优势，是社会大众广为接受的一种传播方式。因此，在互联网时代，传统媒体和新媒体的高度融合将会实现资源共享并增强传播效果。例如，传统纸质体育报刊和数字报刊的结合极大提升了体育受众的兴趣，使报刊影响力得到迅速提升。可见，各种媒介的融合已经成为发展趋势。这有利于打破单向传播方式，形成更为多元的传播平台。

在互联网背景下,体育文化传播应充分借助互联网传播的特点,发挥体育文化自身优势,创新体育文化传播形式,形成资源共享。一方面,要打造传统媒体与新媒体交互融合模式,打造"互联网+体育文化"方式,形成多元化的传播渠道;另一方面,要坚持"以人为本"的传播理念,注重内容和形式上的优化,拓展体育文化传播范围,从而增强体育文化传播效果。

第四节 体育运动健康发展路径研究

随着人们生活水平的提高,健康已成为人们越来越关注的话题。体育运动作为促进健康的重要手段之一,其健康发展路径值得深入探讨。

一、体育运动健康发展路径——政策支持

政策是推动体育运动健康发展的重要保障。政府应该加强对体育运动的重视和支持,制定相应的政策和规划来促进体育运动的健康发展。

(一)制定发展规划

政府应该根据国家战略和人民群众的需求,制定相应的体育运动发展规划。该规划应该明确发展目标、重点任务和保障措施,为体育运动健康发展指出明确的方向和提供明确的指导。

(二)完善政策法规

政府应该完善相关政策法规,为体育运动健康发展提供法制保障。例如,制定体育设施建设标准、体育市场管理政策等,为体育运动提供更加良好的环境和条件。

(三)加大投入力度

政府应该加大对体育事业的投入力度,支持体育设施建设、体育教育和科研等方面的发展。同时,政府还应该鼓励社会力量参与体育事业投入,形成政府主导、社会参与的良好局面。

二、体育运动健康发展路径——市场驱动

市场是推动体育运动健康发展的主要力量。市场主体应该加强对体育市场的开发和管理，满足人民群众多样化的体育需求，推动体育产业的发展。

（一）开发体育市场

市场主体应该根据人民群众的体育需求，开发多样化的体育市场。例如，开发体育健身、体育旅游、体育竞赛等市场，为人民群众提供更加丰富的体育产品和服务。

（二）加强品牌建设

市场主体应该加强品牌建设，提高自身品牌价值和知名度。通过优质的产品和服务，提升消费者对品牌的信任和忠诚度，为市场拓展提供有力的支持。

（三）推动产业融合发展

市场主体应该推动体育产业与其他产业的融合发展，形成良好的产业链和生态圈。例如，与旅游、文化、医疗等产业融合发展，推动体育产业的多元化发展和跨界创新。

三、体育运动健康发展路径——教育引导

教育是培养人民群众健康意识和体育习惯的重要途径。学校应该加强对体育教育的重视，提高体育教学质量和水平，培养青少年良好的体育意识和运动习惯。

（一）强化体育课程设置

学校应该根据青少年的身心发展特点，合理设置体育课程和教学内容。通过多样化的体育课程设置，激发青少年对体育运动的兴趣和热情，培养其良好的体育意识和运动习惯。

（二）提高教学质量和水平

学校应该加强对体育教师的培训和管理，提高教师的教学水平和专业素养。通过丰富的教学手段和方法，提高青少年对体育运动的兴趣和参与度，

第六章　体育文化传播与健康发展

提升其身体素质和运动能力。

（三）加强校园文化建设

学校应该加强校园文化建设，营造良好的体育文化氛围。通过组织体育比赛、健身活动等多样化的活动形式，促进青少年对体育运动的了解和参与，培养其良好的体育精神和团队合作精神。

四、体育运动的健康发展路径——文化培育

文化是推动体育运动健康发展的内在动力。加强对体育文化的培育和传承，可以营造良好的体育文化氛围和社会环境。

（一）加强宣传推广

通过各种媒体渠道加强对体育运动和体育文化的宣传推广力度，宣传体育运动的重要性和价值；通过举办各种体育赛事，激发人们参与体育运动的热情和兴趣，提高大众对体育运动的认知和理解。此外，还可以通过开展全民健身活动，普及科学健身知识和方法，提倡健康生活方式和良好的运动习惯，营造浓厚的体育文化氛围和社会环境，从而促进体育事业的持续发展。

（二）推动创新创造

鼓励和支持社会各界开展创新创造活动，运用新技术、新理念推动体育运动的发展。例如，利用互联网技术开展线上健身指导，利用大数据技术分析运动数据，提高运动效果，运用人工智能技术研发智能健身设备等。总之，创新创造为体育运动注入新的活力，并推动其健康发展。

（三）促进国际交流与合作

体育运动是人类共同的语言。加强国际交流与合作，促进不同国家和地区之间的文化交流和理解，对推动全球体育运动的发展、丰富世界文化多样性和包容性、提升全人类健康水平和生活质量都具有重要意义。

总而言之，体育运动健康发展需要政府政策支持、市场驱动、教育引导和文化培育等多方面的共同努力，以多元化的推动力量实现全面协调和可持续发展，为人类健康美好生活做出积极贡献。

思考与练习

1. 传统体育文化有哪些特征？
2. 体育文化传播的发展策略体现在哪些方面？
3. 阐述体育运动的健康发展路径。

参考文献

[1] 杜宸宇. 浅谈如何科学锻炼身体 [J]. 快乐阅读, 2015 (12): 120.

[2] 杜明晖. 篮球运动员进行专项力量素质训练的探究 [J]. 健与美, 2023 (10): 120.

[3] 杜志锋. 体育与健康 [M]. 北京: 北京理工大学出版社, 2019.

[4] 方汪凡, 王家宏. 健康关口前移: 体育健康扶贫的联动逻辑及推进机制 [J]. 西安体育学院学报, 2020, 37 (1): 37－43.

[5] 巩悦. 运动营养补剂对健美操运动员竞技状态的影响 [J]. 食品安全导刊, 2023 (18): 102－104.

[6] 苟占民. 浅析运动营养对运动员身体机能的重要作用 [J]. 田径, 2023 (7): 83.

[7] 韩菲菲, 赵婉转. 体能训练的理论与方法 [J]. 剑南文学, 2012 (6): 380.

[8] 侯立君. 体能训练方法论 [J]. 读与写 (教育教学刊), 2014, 11 (11): 264.

[9] 黄步东, 郑忠波. 全民体育与体育健康意识的培养 [J]. 剑南文学, 2013 (7): 332－333.

［10］李翔宇. 浅析运动营养和运动养生的关系［J］. 体育时空，2015（12）：153.

［11］刘强，李凤梅. 新时代中国特色体育发展之路寻径［J］. 体育与科学，2023，44（1）：17－23.

［12］刘玉倩，杨雯茜，殷娟娟. 运动营养研究的新进展［J］. 北京体育大学学报，2015，38（8）：58－64，79.

［13］陆东东，王帅，卢茂春，等. 多元共治：体育健康促进治理现代化的路径选择［J］. 体育与科学，2021，42（6）：70－77.

［14］马俊雁. 合理利用体能训练提升训练效果的有效策略［J］. 体育画报，2023（7）：136－139.

［15］牛保建. 运动员体能训练中的核心力量训练方法［J］. 体育画报，2023（7）：121－123，126.

［16］彭立，张武. 浅谈体育健康课效果的课堂环境与心理学因素［J］. 体育时空，2012（1）：121－122.

［17］时丹. 新媒体视域下的体育健康传播策略［J］. 广西教育（高等教育），2021（2）：158－159.

［18］苏垚. 运动营养食品及其功能性成分研究［J］. 食品安全导刊，2023（6）：110－112.

［19］孙娟娟，陈元欣. 体育健康服务业发展的可行性研究［J］. 安徽体育科技，2016，37（3）：12－15，23.

［20］孙侃然，康露. 人口转型视域下中国体育产业发展应对策略［J］. 体育与科学，2023，44（1）：97－106.

[21] 王婧宁. 体育训练中的运动营养及合理膳食探讨 [J]. 食品安全导刊，2022（28）：126－128.

[22] 王婧宁. 运动营养食品中营养成分和功能因子研究进展 [J]. 体育画报，2022（14）：112－113.

[23] 王坤. 运动损伤与康复 [M]. 天津：天津科技翻译出版有限公司，2021.

[24] 王丽娜，王麟. 大众体育健康教育问题刍议 [J]. 管理学家，2013（13）：245－245.

[25] 武世琴. 篮球训练的体能训练问题 [J]. 体育时空，2016（22）：151.

[26] 夏丽媛. 项目化学习在体育健康教育中的开展探讨 [J]. 体育画报，2020（22）：145.

[27] 谢继辉. 健身运动营养补充剂相关食品标准概况 [J]. 食品安全导刊，2023（25）：125－127.

[28] 徐闯. 对篮球运动的认识 [J]. 读写算（教研版），2015（4）：63.

[29] 徐伟. 学校体育健康课与素质教育 [J]. 新校园（理论版），2011（8）：101.

[30] 许向阳. 体育游戏在体育健康课中的作用 [J]. 青年文学家，2012（11）：58.

[31] 续姜. 田径运动训练中的常见损伤及预防研究 [J]. 鄂州大学学报，2023，30（4）：88.

[32] 薛雷."互联网＋"背景下的全民体育健康服务现状研究［J］.体育画报，2022（15）：85－86，88.

[33] 杨庆辞.体育与体育健康教育［J］.保山师专学报，2003，22（2）：77－78.

[34] 余俊，刘斌.运动营养食品在学校体育中的应用［J］.食品安全导刊，2022（19）：137－139.

[35] 岳慧灵.体育课程运动处方教学模式［M］.长春：吉林人民出版社，2020.

[36] 张金花.体育健康［J］.新课程·下旬，2016（6）：238.

[37] 张立新.试论我国体育健康课程教育面临的问题与展望［J］.体育时空，2015（3）：191.

[38] 张振，刘嫱.篮球运动员的合理膳食研究［J］.食品安全导刊，2023（16）：133－135.

[39] 赵蕾.体育教学中学生体育兴趣培养的策略研究［J］.健与美，2023（9）：144.

[40] 郑永才，贾雯，张良志.刍议培育医学生体育健康观［J］.新西部（中旬刊），2017（12）：159－160.

[41] 朱世敏，高廷梅.运动营养膳食补充对羽毛球运动员运动疲劳恢复的影响［J］.食品安全导刊，2023（19）：125－127，131.

[42] 祝金彪，吴静.体育与健康［M］.南昌：江西高校出版社，2019.

[43] 邹昆.体育与健康［M］.北京：中国言实出版社，2021.

[44] 王淑艳, 顾伟黎, 王志玲. 民族传统体育文化传承及发展研究 [J]. 文体用品与科技, 2023, (13): 98.

[45] 周杰. 做好新形势下中国体育文化传播 [J]. 新闻战线, 2023, (19): 21.